Konstantin Kalveram
Michael Rühl

Kartoffel, Fisch & Federvieh

Gute Lebensmittel einkaufen
in Frankfurt und Umgebung

Henrich Editionen

Inhalt

gut zu wissen

Bodenschätze

Fisch, Fleisch & Geflügel

Alles Käse

Aus der Backstube

Leckereien – herzhaft und süß

Vorwort

Dieses Buch ist garantiert frei von Gammelfleisch, Ekelkäse und Schinkenimitat. Zwielichtige Zusatzstoffe und dubiose Hilfsmittelchen der automatisierten Lebensmittelerzeugung mussten draußen bleiben. In Zeiten großindustrieller Tierschlachtanlagen, durchmaschinisierter Backvorgänge und überdüngter Pflanzenerzeugung, in denen man wöchentlich den nächsten Lebensmittelskandal erwartet, haben wir uns auf den Weg zu strikt handwerklich arbeitenden Lebensmittelerzeugern in der Region Frankfurt/Rhein-Main gemacht. Wir haben kleine Unternehmen – in der Regel Familienbetriebe – gefunden, in denen man sich in traditioneller Weise, nicht selten in dritter, vierter Generation, dem Lebensmittelhandwerk widmet, der Herstellung regionaler Köstlichkeiten: Bäcker, Konditoren, Metzger, Schlachter, Bauern und andere mehr, die ihre Arbeit im Bewusstsein ihrer genusshandwerklichen Tradition ausüben, kombiniert mit dem Fachwissen und der Technik von heute.

Immer öfter möchte man wissen, wo das Essen herkommt. Und wir haben festgestellt, dass man nicht nur auf dem Land, sondern auch in einer Stadt wie Frankfurt sich bewusst gesund ernähren kann.

Ganz herzlich möchten wir uns bei Oliver Hess, Frankfurter SlowFood-Aktivist und leidenschaftlicher Genießer, bedanken, der uns mit Rat und Tat beiseite stand. Auch möchten wir hier noch erwähnen, dass wir die Betriebe eigenständig nach bestem Wissen und Geschmack ausgesucht haben und keine finanziellen Mittel seitens der Betriebe in die Herstellung dieses Buches geflossen sind.

Wir wünschen einen guten Appetit!

Bodenschätze

Bärengarten

Biolandgärtnerei

1 Im Bärengarten 5 | 60599 Frankfurt am Main
069/652952 | www.gruene-sosse.org

Öffnungszeiten
Dienstag 8.30 – 13 Uhr
Donnerstag 8.30 – 15.30 Uhr
Freitag 8.30 – 18 Uhr

In der Biolandgärtnerei Bärengarten hat die Grüne Soße eine kurze Saison. Kurz vor Ostern fällt der Startschuss, Ende Mai, Anfang Juni ist sie schon wieder vorüber. Andere Gärtnereien können ihre Grüne Soße weit über diesen Zeitraum hinaus anbieten, weil sie zum Beispiel auch Betriebsstätten in südlicheren Teilen Europas – etwa auf Teneriffa – oder noch weiter von den Anbauflächen Oberrads entfernt betreiben, wo die Bedingungen für den Anbau besser sind. Aber egal ob Gewächshaus oder Freiland – in der Bärengarten-Gärtnerei ist spätestens Anfang Juni Schluss.

Der Grund dafür: Dann beginnen die Pflänzchen zu blühen. Und mit der Blüte werden die Stiele der Kräuter härter und dicker – sie lassen sich dann nicht mehr gut vermarkten, auf harten Stängeln kaut niemand gern herum. „Außerdem hat die Pflanze während der Blüte den höchsten Anteil an ätherischen Ölen. Wenn die Pflanzen ein intensiveres Aroma haben, mag das auch nicht jeder", erklärt Heike Fischer, Betriebsleiterin

der Gärtnerei. Also beschränkt man sich und bietet die prallen Kräuterpakete eben nur für einige Wochen an.

Es ist ohnehin immer wieder keine kleine Herausforderung, alle sieben Kräuter der Grünen Soße zeitgleich erntereif bei der Hand zu haben: „Das ist gar nicht einfach, irgendeines der Kräuter macht immer Probleme. Wir geben uns einfach sehr viel Mühe, deswegen ist die Qualität unserer Ernte immer ziemlich gut. Gerade im Biobereich sind wir in der Wahl der Mittel ja begrenzt, das fängt bereits beim Saatgut an", sagt die Gärtnerin. Das dürfe natürlich nicht mit chemischen Schädlingsmitteln behandelt werden, wie das im konventionellen Bereich durchaus erlaubt sei. Auch später dürfe man die Pflanzen nur mit Mitteln bearbeiten, die nachweislich nicht nützlingsschädlich sind. „Da bieten sich verschiedene Pflanzenextrakte an, die die Pflanze stärken", sagt Heike Fischer. „Unkrautvernichtung machen wir nur in Handarbeit, mit der Hacke. Und als Dünger kommen bei uns nur organische Präparate zum Einsatz, Horn-

Gries Soße

Frankfurter Grüne Soße

220-240gr. incl. Verpack

tersilie	Petroselinum crispum		60 g
Teile	Doldengewächs	Apiaceae	
auerampfer	Rumex acetosa		50 g
5 Teile	Knöterichgewächs	Polygonaceae	
erbel	Anthriscus cerefolium	Apiaceae	
Teile			40 g
orretsch	Borago officinalis		20 g
Teil	Raublattgewächs	Boraginaceae	
chnittlauch	Allium schoenoprasum		14 g
,7 Teile	Liliengewächs	Liliaceae	
resse	Lepidium sativum		10 g
,5 Teile	Kreuzblütler	Brassicaceae	
impinelle	Sanguisorba minor		6 g
,3	Rosengewächs	Rosaceae	

späne etwa. Bio ist mehr Arbeit, macht aber viel Spaß. Es fordert die ganze Erfahrung des Gärtners und man muss immer schnell reagieren."

Der Gretchenfrage, wie man es denn im Bärengarten mit der Zugabe anderer Kräuter außer Kerbel, Petersilie, Pimpinelle, Borretsch, Kresse, Schnittlauch und Sauerampfer halte, begegnet man hier mit Pragmatismus: „Es kann schon passieren, das wir mal ein Kraut austauschen müssen", gibt Heike Fischer zu. „Es kommt eben mal vor, dass ein Kraut nicht verfügbar ist. Kerbel beispielsweise geht sehr schnell in die Blüte, dann ersetzen wir ihn, aber das sagen wir unseren Kunden dann auch." Ersatzkräuter sind bevorzugt Zitronenmelisse oder – seltener und in kleinen Mengen – Dill.

Die Zusammenstellung der Grünen-Soße-Kräuter variiert natürlich immer ein bisschen, mal gibt es ein bisschen mehr vom einen, ein anderes Mal etwas mehr vom anderen Kraut. Gleichviel, das Wichtigste an der Grünen Soße ist aber die Frische: Wie ärgerlich, wenn man das Kräuterpaket auseinanderrollt und einzelne Kräuter schon braun und schlapp im Papier liegen – besonders Kerbel und Kresse sind recht empfindlich. Aber hier ist uns das noch nie passiert. Hier strotzt immer alles vor Frische und Farbe.

Birnen "Conference"

Pappelhof / Querbeet

Lebensmittel aus ökologischem Anbau

2 Pappelhof, Dorheimer Straße 107 | 61203 Reichelsheim
06035/917460 | www.querbeet.de

Wochenmärkte

Dienstag:	Wilhelmsplatz, Offenbach 8 – 14 Uhr
Donnerstag:	Bockenheimer Warte, Frankfurt 8 – 18 Uhr
	Konstablerwache, Frankfurt 10 – 20 Uhr
Freitag:	Wilhelmsplatz, Offenbach 8 – 14 Uhr
Samstag:	Konstablerwache, Frankfurt 8 – 17 Uhr
	Wilhelmsplatz, Offenbach 8 – 14 Uhr

Wenn man an diesem Stand auf dem Wochenmarkt steht und den Gemüsevorrat für die Woche einkauft, denkt man natürlich nicht, dass man es mit einem der größten Lebensmittel-Direktvermarkter der Region im Biobereich zu tun hat. Doch „Querbeet" ist eben nicht der kleine Erzeuger von regionalen Gemüsen und Obstsorten. Das Geschäft auf den Märkten in Frankfurt und Offenbach macht nur einen vergleichsweise kleinen Anteil des Umsatzes aus, etwa 30 Prozent. Die restlichen rund 70 Prozent bringt das Liefergeschäft ein: „Querbeet"-Fahrer liefern Lebensmittelbestellungen im Großraum Frankfurt aus.

Während unseres Besuches auf dem Pappelhof, dem Biohof, auf dem der Vermarktungsbetrieb beheimatet ist, wo die gesamte Logistik samt ausgefeiltem Kühl- und Lagersystem für die jeweiligen Produkte des Lieferunternehmens untergebracht ist, und wo auch ein großer Teil des Gemü-

ses angebaut wird, erfahren wir von „Querbeet"-Chef Thomas Wolff viel darüber, worauf es ankommt, wenn man hochwertiges, aromatisches Obst und Gemüse an den Kunden bringen will: „Sortenwahl, genaue Kenntnis der Pflanzenphysiologie, Arbeit auf dem Acker, Erntetechnik (beim Feldgemüse ist etwa eine niedrige Fallhöhe von großer Wichtigkeit, um Verletzungen der Erdfrüchte vorzubeugen) und Lagerung. Das sind die wichtigsten Faktoren, die über Erfolg oder Misserfolg der Ernte entscheiden können. Hier kann man viel richtig machen, hier kann aber auch einiges schief gehen."

Die Leute vom Pappelhof machen anscheinend sehr viel richtig. Das Feldgemüse, das auf den insgesamt 40 Hektar fruchtbaren Wetterauer Bodens rund um den Pappelhof angebaut wird, zum Beispiel Pastinaken, Knollensellerie, Fenchel, Grüner Spargel, Kartoffeln und Karotten, zählt zum besten Gemüse, das man in der Region genießen kann. Die festen,

knackigen Karotten vom Pappelhof etwa haben es im Lauf der Zeit zu richtiger Berühmtheit gebracht. Einfach, weil sie so schmecken, wie kaum mehr eine Karotte schmeckt: intensiv nach Karotte und gerade richtig süß.

Genauso die Kartoffeln: Bei diesen hier kann man nicht einfach von einer bloßen Sättigungsbeilage sprechen. Fest und gelbfleischig, wohlschmeckend und aromatisch, ohne Verletzungen, schwarze Stippen oder grüne Stellen, die man großzügig herausschneiden müsste, sind sie schon für sich ein richtig gutes Essen, mit etwas Butter und Salz – einfach, aber wunderbar. Dafür, dass sie so fest und schön bei uns in der Küche landen, ist übrigens die richtige Lagerung wesentlich: Auf dem Pappelhof werden sie im Dunkeln bei 5° Celsius und bei einer Luftfeuchtigkeit von 90 % gelagert – zu Hause also am besten samt Papier im Kühlschrank lagern.

Otzberg-Kräuter

Die Genusspflanzengärtnerei

3 Erich-Ollenhauer-Str. 87b | 65187 Wiesbaden
0611/8120545 | www.otzberg-kraeuter.de

Öffnungszeiten
15. März – 15. Oktober
Dienstag, Mittwoch 15 – 18 Uhr
Donnerstag 15 – 20 Uhr
Samstag 14 – 17 Uhr

Mitten in unserem Gespräch greift Burghart Koch auf den Wiesenboden, pflückt eine Pflanze, die uns selbst natürlich nicht aufgefallen ist, und reicht sie uns mit den Worten: „Probieren Sie! Behaartes Schaumkraut, erinnert im Geschmack an Senf und Kohlrabi." Wir gehorchen und stellen fest: Der Mann hat recht. Die Welt ist voll von Essbarem. Und von Düften! Das gilt besonders für die Wiesbadener Genusspflanzengärtnerei „Otzberg-Kräuter", wo sage und schreibe 800 verschiedene Kräuter gezüchtet werden: 45 Minzsorten, knapp 70 Thymianvarianten, 50 unterschiedliche Salbeisorten und vieles, vieles mehr an bekannten und vollkommen unbekannten Verlockungen: Bosnische Zitronensaturea, Levantinisches Krabbenkraut, Zitronenmelisse, Ausdauernder Vietnamesischer Koriander, glatte und krause Petersilie, Pfifferlingsarthemisia, Grüner Ägyptischer Baumbasilikum, die ganz besondere Gute Luisa – in dieser Gärtnerei treffen einander die Düfte der Welt. Die bloße Menge der Kräuterarten ist beachtlich, ihre Namen sind vielversprechend. Aber sind denn die Unterschiede der Düfte wirklich erheblich? Das fragen wir

Gärtner Koch. Als Antwort präsentiert er uns eine Thymianauswahl und lässt uns selbst riechen. Rosenthymian: Duft nach Rosen und blumigen Gummibärchen. Orangenthymian: eindeutig das eher reife Zitrusaroma der Orangen, das sich deutlich von dem des Piemontesischen Limonenthymians absetzt, der tatsächlich eher ein grüneres Zitrusaroma aufweist und dessen Duft deutlich an Limonen erinnert. Das Parfüm von Korsika und Sardinien: Kümmelthymian. Wir stellen erstaunt fest, dass die Unterschiede wirklich vorhanden sind. „Natürlich", sagt Burghart Koch schmunzelnd, „ich denke mir das doch nicht aus." Aber, und das weiß der Gärtner selbst auch, natürlich braucht niemand 50 verschiedene Salbeisorten, auch keine 45 Minzen. „Aber man kann eben mal ein bisschen der eigenen Nase nachgehen und herausfinden, was einem selbst angenehm ist", erklärt er die Vielfalt.

Überhaupt findet er es absolut wichtig, der eigenen Wahrnehmung zu vertrauen. „Riecht selbst!", ist deswegen die Losung. „Ich versuche, die Leute dazu zu bringen, dass sie sich selbst ausdenken, was ihnen gut tut. Wichtig ist es, über das Riechen zu bemerken, wie es einem persönlich mit dem Kraut geht. Ich sage dann auch nicht: Nach was riecht das? Riecht das nach Bohnensuppe? Sondern ich sage: Riecht das blau, grün oder rot? Oder nach Tag oder Nacht? Oder nach Land oder Meer? Ich versuche, eine Gesamtemotion zu erwecken."

Burghart Koch weiß, dass Kräuter nicht immer das beste Image haben. „Die haben manchmal was richtig Griesgrämiges", sagt er. „Wenn du krank bist, geh in die Apotheke, kauf dir bittere Eberrauteblätter und mach dir einen scheußlichen Tee daraus." Klar, so etwas vermiese das Thema. „Ich versuche immer, Kräuter aus dieser Ecke rauszuholen. Gummibärchenaroma im Thymian! Das ist doch auch etwas, womit man auch Kinder dafür interessieren kann! Oder die Gute Luisa und der Ananassalbei – das sind doch richtig fröhliche Kräuter mit herrlichen, frischen Aromen!"

Wird in der italienischen
Würzen von Meeresfrüchten
Auch für Salate sind die
Blätter und Blüten geeignet...
Auch die Samen sind essbar.
englisch:
Sea fennel

Otzberg-Kräuter

An Burghart Koch ist ja ein Philosoph verloren gegangen! „Mit den Händen? Aber das sind doch keine Philosophenhände!", bemerkt er bescheiden lächelnd mit Blick auf seine erdigen Hände, mit denen er gerade den griechischen Bergoregano bearbeitet. „Jedenfalls sollte man als Philosoph die Hände immer im Boden behalten."

Zum Abschluss gibt es dann auch noch ein paar ganz konkrete Tipps für den Privatgärtner. Welche Fehler sollte man unbedingt vermeiden? „Der klassische Fehler ist das Übergießen. Wenn ich zu viel gieße, fault die Wurzelspitze. Und dann trocknet die Blattspitze. Bemerke ich, dass die Blattspitze trocknet, gieße ich noch mehr, ein kleiner Teufelskreis. Und in Herbst und Winter brauchen die Pflanzen nicht so viel Wasser wie im Sommer, die Verdunstung ist dann geringer. Und, ganz wichtig: richtig ernten.

Die Leute zupfen beim Basilikum immer einzelne Blätter ab, um der Pflanze nicht wehzutun. Aber so machen sie die Pflanze kaputt. Wenn ich aber von oben den Haupttrieb abzupfe, oberhalb einer Blattverästelung, dann kommen zwei neue Austriebe und darunter noch einmal zwei neue Austriebe. Die Pflanze vervierfacht sich also durchs Ernten. Mediterrane Pflanzen wollen geerntet werden. Pflanzen, die ihre Blätter im Winter behalten, wollen ihre Haupterntezeit nach Mitte Mai, aber vor Mitte August. Pflanzen, die ihre Blätter im Winter verlieren, kann ich noch lang in den Herbst ernten und dann auch noch runterschneiden." Kraut ist eben nicht gleich Kraut, die Unterschiede könnten mitunter gar nicht größer sein. „Deswegen", rät der Gärtner, „Finger weg von Kräutererde aus dem Baumarkt, das ist ein Sch...-Verkaufsgag. Es müsste da Abstufungen geben, je nach den Bedürfnissen der Pflanze. Aber das ist eben Geschäftemacherei."

Apfel
H30

Obsthof am Berg

Obstbaubetrieb, Kelterei und Edelbrennerei

4

Auf der Hohlmauer 2 | 65830 Kriftel
06192/42961 | www.obsthof-am-berg.de

Hofladen
Montag bis Freitag 8 – 18.30 Uhr
Samstag 8 – 13 Uhr

Aufsehen erregte der Krifteler Obsthof am Berg in jüngster Zeit eher mit Obst in flüssiger Form: mit den Apfelweinen und Destillaten des Hauses. Die Brüder Holger und Ralf Henrich haben an der Fachhochschule in Geisenheim Getränketechnologie studiert, Ralf hat zusätzlich eine Ausbildung zum Winzer absolviert; die beiden wissen, worauf es bei der alkoholischen Gärung ankommt und wie man erreicht, was man erreichen will. Durch ihr gemeinsames Steckenpferd, die Arbeit an der Brennblase, runden die Brüder ihr Getränkesortiment mit einigen sehr reizvollen Obstbränden und Whiskys ab. Der Ursprung des Krifteler Obsthofes ist allerdings der Obstanbau.

Vater Horst hat den Hof 1970 gegründet, damals wurde das Obst in fester Form vermarktet – fast ausschließlich über die Genossenschaft, die es in den Lebensmittelhandel brachte. Im Lauf der Zeit kam das flüssige Obst dazu: Apfelwein als erstes, dann auch Kirschwein und Kirschsaft – die Saft- und Obstweinpalette wuchs und gewann an Bedeutung. „Aber das Obstsortiment ist uns heute genauso wichtig wie früher, wir

Obsthof am Berg

sind ja ein Obsthof. Das werden wir auf keinen Fall reduzieren", sagt Holger Henrich, der den Betrieb heute leitet. Und so bietet der Krifteler Hof eine umfangreiche Bandbreite heimischen Obstes, von A wie Apfel bis Z wie Zwetschge ist alles dabei.

Nur bestimmte Apfelsorten, die sich für die Apfelweinbereitung eher anbieten als für die Frischvermarktung, werden, ebenso wie die Quitten, nicht frisch vermarktet. Heute spielt die Vermarktung über die Genossenschaft keine große Rolle mehr, der größte Teil des frischen Obstes wird über den eigenen Hofladen vermarktet. Wer dort einkauft, kann sich über perfekt gereiftes Obst freuen. „Für die Direktvermarktung lassen wir das Obst hängen, bis es die perfekte Reife erreicht hat", sagt Holger Henrich. „Für den Supermarkt muss ja immer alles grün geerntet

werden. Das ist beim Apfel nicht so schlimm, weil der eher nachreifen kann. Aber Steinobst reift nur sehr bedingt nach. Und wenn der Zucker bei der Ernte noch nicht in der Frucht ist, entsteht er auch nicht im Lager. Über den Hofladen können wir dieses Obst vollreif verkaufen, wie es am besten schmeckt. Wir lassen es so lange wie möglich hängen. Wenn es dann ausgereift ist, ernten wir morgens, und ab dem Vormittag verkaufen wir es, sozusagen direkt vom Baum. Frischer geht´s nicht."

Eine ganz wichtige Frucht für den Krifteler Obsthof ist die Erdbeere. Da es Anbauern heute verboten ist, die Pflänzchen selbst zu züchten und zu vermehren, bekommen die Henrichs sie jedes Jahr aufs Neue geliefert. Die Pflege der Erdbeerpflanzen erfordert das ganze Fachwissen der Henrichs; wer eine lohnende Ernte einfahren möchte, muss sich intensiv um die empfindlichen Pflänzchen kümmern. „Das A und O ist dabei der Boden. Man kann natürlich immer mit Dünger nachhelfen, aber ich finde, dass man das dann auch rausschmeckt. Bei viel Wasser und Dünger ist die Frucht zwar groß und rot, aber sie schmeckt nach nichts und hat wenig Inhalt", sagt Henrich. Natürlich sind Ertrag, Größe und Aussehen auch hier wichtig für die Vermarktung, „aber wenn die Erdbeere nicht schmeckt, hilft das alles nicht. Der Geschmack ist natürlich absolut wichtig." Dass die Erdbeere ein wirklich empfindliches Pflänzchen ist, erlebten die Henrichs 2011, als ein paar Stunden bei –4° Celsius ausgereicht haben, um 80 % der Erdbeerernte zu vernichten. Alle Maßnahmen zur Rettung der Früchte halfen nichts – die Erdbeeren waren schwarz vom Frost. Dann heißt es, über das Desaster hinwegzukommen und das übrige Sortiment bestmöglich zu vermarkten.

Neben den Erdbeeren, Süß- und Sauerkirschen, roten und schwarzen Johannisbeeren, Himbeeren, Mirabellen, Birnen und Zwetschgen haben hier gerade Äpfel eine große Bedeutung. 16 Sorten werden angebaut, Tafelsorten allesamt. Lediglich Boskoop und Gelber Edelapfel zeichnen sich durch akzentuierte Säure aus, der Rest der Sorten ist eher ausgewogener: etwa Gala, Arlet, die frühen Sommer Regent und Delbar Estivale, Rubinette und Elstar, der mit Braeburn wohl meistverkaufte Apfel des Obsthofes am Berg. Letzterer wird laut Holger Henrich ganz und gar unterschätzt. „Aber das ist auch kein Wunder. Den kennt man ja auch nur viel zu früh geerntet aus dem Supermarkt. Aber wenn man den ausreichend lang am Baum lässt und er richtig reif wird, schmeckt er ganz vorzüglich."

Roter Hamm

Saftmosterei

5 Lyoner Straße 1 | 60528 Frankfurt am Main
069/66544-212 | www.reha-werkstaetten.de

Öffnungszeiten

Sommer: Montag bis Donnerstag 9 – 18 Uhr, Freitag 9 – 13.30 Uhr
Winter: Montag bis Donnerstag 9 – 15.30 Uhr, Freitag 9 – 13.30 Uhr

In der „Manufaktur für Gutes aus Äpfeln" Roter Hamm im Frankfurter Stadtteil Niederrad werden drei Fliegen mit einer Klappe geschlagen. Zum einen werden Personen mit chronischen psychischen Erkrankungen oder einer nachhaltigen seelischen Behinderung angeleitet, Fähigkeiten wieder zu entwickeln, die sie durch die Erkrankung verloren haben. Sie können das etwa, wenn sie einen Arbeitsplatz in der Mosterei des Hauses haben, der dem Tagesablauf Struktur gibt.

Dieses Arbeitsfeld ist durch die Idee entstanden, das Streuobst, das im Grüngürtel um die Stadt herum wächst, zu ernten und zu verarbeiten. Ein weiterer Bereich ist die Lohnmosterei, die jedem offen steht. Wer die Äpfel eines bestimmten Baumes oder Grundstücks pressen lassen möchte, kann das hier tun – er kann dann den Saft aus seinen eigenen Äpfeln mit nach Hause nehmen, oder ihn in der Mosterei vinifizieren lassen.

Für die Produktion wird also Grüngürtel-Streuobst verarbeitet. Gepresst wird in der hauseigenen Mosterei. Säfte spielen eine wichtige Rolle in

der Vermarktung der Manufaktur. Die Äpfel dafür, spätreifende Sorten, stammen sämtlich von hochstämmigen Bäumen. Je mehr Sorten den Grundstock für den Saft bilden, desto besser: „Die Mischung macht's bei uns aus", sagt Dieter Drebes-Uhlig, einer von zwei Betriebsleitern in der Mosterei. „Dieser Saft aus bunt gemischten Streuobstsorten hat einfach einen ganz intensiven Geschmack." Diesem fruchtvollen Apfelsaft werden nach dem Pressen auch andere Fruchtsäfte beigemischt: in der nahen Region zugekaufte Sauerkirschen, Holunderbeeren und Quitten sowie Mostbirnen, die auch im Grüngürtel geerntet werden. Diese Früchte geben den Abfüllungen einen jeweils ganz eigenen geschmacklichen Charakter.

Ein Apfelsaft-Minz-Saft (mit Bio-Minz-Extrakt) komplettiert das Sortiment: mit einem Schuss Sprudel der perfekte Durstlöscher im Sommer – und überaus wohlschmeckend obendrein. Alle Säfte sind übrigens bio-

zertifiziert. Was nicht für die Saftproduktion bestimmt ist (und nicht zu Apfelschaumwein oder -Sherry verarbeitet wird, denn auch die werden hier hergestellt), wird zu einem der sehr reizvollen Apfelessige weiterverarbeitet. Das Essigsortiment umfasst unter anderem eine Reihe von Kräuteressigen, besonders hervorheben wollen wir hier den Apfelbalsamessig, der uns ganz besonders gut gefallen hat.

Mit 5 % Säure ist er angenehm mild – mit der fruchtigen Apfelaromatik ergibt sich eine ganz besonders angenehme Ausgewogenheit. In Salatsaucen, zum Handkäs' mit Musik, zum Verfeinern einer Sauce – der Anwendungsmöglichkeiten für diesen Essig gibt es viele. Diese unfiltrierte Köstlichkeit mit Ursprung in Frankfurt sollte in keinem Haushalt der Stadt fehlen – wer immer noch eine Seltsamkeit wie weißen Aceto Balsamico im Küchenschrank stehen hat, sollte dringend über eine solche Alternative nachdenken.

Fisch, Fleisch und Geflügel

Forellenhof Altenfeld

Fischzucht Föller

6 Nallenweg 4 | 36129 Gersfeld-Altenfeld
06656/919011 | m.foeller@t-online.de

Verkaufswagen und Forellengrill
Donnerstag: Erzeugermarkt Konstablerwache, Frankfurt 10 – 20 Uhr
Samstag: Erzeugermarkt Konstablerwache, Frankfurt 8 – 17 Uhr

„Unsere Fische hier haben Platz, sich zu bewegen und um Naturfutter zu jagen. Das muss auch so sein! Wenn ein Fisch in der Mast keinen Platz hat, zwischen seinen Artgenossen eingesperrt ist, weil der Besatz der Teiche zu hoch ist, wird auch die Qualität des Fleisches am Ende nicht besonders sein", sagt Michael Föller, Fischzüchter in Gersfeld in der Rhön. Er steht zwischen seinen Fischteichen und verteilt mit einer kleinen Kelle schwungvoll etwas Futter darin, um Bewegung in die Teiche zu bringen. In einem der Teiche, in denen er Forellen hält, entsteht sofort eine große Unruhe direkt auf der Wasseroberfläche, während im Teich, in dem Saiblinge schwimmen, eher wenig Sichtbares geschieht: Saiblinge nehmen ihre Nahrung eher vom Grund auf, während Forellen mehr an der Oberfläche jagen.

Michael Föller füttert seine Fische mit einem Futter, das nur die wichtigen Grundnährstoffe enthält, Fette und Eiweißstoffe sind nur wenig

darin enthalten. Denn die bekommen die Fische hier tatsächlich über die Naturnahrung; aus der nahebei fließenden Fulda, die mit ihrem Wasser auch die Föller'schen Teiche versorgt, kommen immer wieder Mützenschnecken, Stichlinge, kleine Barsche und Aale, die den räuberischen Fischen als zusätzliche Nahrung dienen. Föller freut's, denn nur ein Tier, das sich bewegt, sich richtig ernährt und langsam wächst, kann eine gute Muskulatur aufbauen, wohlschmeckendes Fleisch entwickeln.

Das Leben der Fische beginnt hier im Aufzuchtbecken. Dort leben sie, bis sie sich nicht mehr über ihren Dottersack ernähren, aus dem sie während der ersten Lebenszeit alle wichtigen Nährstoffe beziehen. Etwas später dann, wenn die Fische rund 15 Gramm wiegen und ein Immunsystem aufgebaut haben, kommen sie in die Teiche. Dort bleiben sie, wenn nicht

ein hungriger Artgenosse, der Fuchs oder ein Reiher dazwischenkommen, bis die Schlachtreife eintritt; beim Großteil der Fische tut sie das mit einem Gewicht von etwa 400 Gramm – Portionsgröße: So passen die Fische noch bequem in die haushaltsübliche Bratpfanne.

Doch auch den Bedarf an größeren Fischen, die man dann etwa im Backofen zubereitet, kann Michael Föller stillen. Seine Forellen können ein Gewicht von sechs bis sieben Kilogramm erreichen. Das Fleisch dieser Fische, dann Lachsforellen genannt, hat eine rötliche Färbung, weil die Forelle in ihrem dann etwas längeren Leben mehr carotinhaltige Nahrung, kleine Bachkrebse etwa, zu sich genommen hat, die dem Fleisch die Färbung gibt. In der Föller'schen Fischzucht wird kein Fisch geschlachtet, ohne dass er vorher für zwei Wochen in einem der „Aushäl-

terbecken“ gewesen wäre. Dort werden die Tiere in 7° Celsius kaltem Quellwasser gehalten und bekommen nur sehr wenig Futter. Sie leben weitgehend von ihren Reserven. Dadurch verfestigt sich ihr Fleisch und die wichtigen Omega-3-Fettsäuren werden gebildet. So ist das Fleisch im Sommer wie im Winter von gleich hoher Qualität.

Ein Aufwand, den Föller gern betreibt: „Das machen wir mit jedem Fisch so, der hier geschlachtet wird. Das bedeutet zwar viel mehr Arbeit, als die Fische direkt aus dem Teich heraus zu schlachten, aber uns ist es das Wert. Dieser zusätzliche Arbeitsschritt bringt Qualität und darum geht es doch“, sagt er.

Einen Teil der Eier seiner Fische vermarktet Michael Föller übrigens auch: Der Saiblings- und Forellenkaviar ist zwar nur ein kleines Zugeschäft, aber er ist eine Erweiterung des Sortiments, die regen Zuspruch erfährt. Die Fische, die Föller „abgestreift" hat, also deren Eier er behutsam aus dem Fischbauch gestrichen hat, entwickeln übrigens nach dem Ablaichen wieder ein festes, konsistentes Bauchfleisch. „Nach ein paar Wochen kann man den Unterschied zu einem Fisch, der noch nicht abgelaicht hat, gar nicht mehr feststellen", sagt der Fischzüchter. Neben Forelle, Saibling, Lachsforelle, Aal (aus der Fulda) und Karpfen (dank Aushälterbecken auch ganzjährig) bietet der Fischzüchter natürlich auch geräucherte Fische und Filets an, zudem gibt es etwa Fischsalat, Fischsuppe und Forellen à la Matjes – alles selbst gemacht.

Vulkankrebse

Edelkrebszucht

7 Inselhof / Läunsbachtal 1 | 63679 Schotten
06044/950000 | www.vulkankrebse.de

Hofverkauf nach telefonischer Vereinbarung

Essen als Artenschutz, dies Prinzip verfolgt Björn Kral mit seinen Vogelsberger Vulkankrebsen. Die mit amerikanischen Flusskrebsen eingeschleppte Krebspest hat im letzten Jahrhundert den Großteil der heimischen Bestände des Deutschen Edelkrebses vernichtet. Im Rahmen von Renaturierungsprogrammen wie z.B. an der Lahn züchtet Björn Kral in einem kleinen Tal oberhalb der Niddasperre heute wieder autochthone Krebse. Diese werden zum größten Teil in ihren ursprünglichen Lebensraum ausgewildert, um die eventuell noch verbliebenen Populationen zu stärken oder neue anzusiedeln.

Um die Zuchterfolge zu erhöhen, müssen die Zuchtbestände regelmäßig ausgedünnt werden, und hier kommen dann die Genießer ins Spiel, denen die Krebse von Mitte Juli bis Mitte Oktober, je nach Wassertemperatur, angeboten werden. Wenn man dann auch noch die männlichen Krebse von den weiblichen trennt, fressen sie sich vor lauter Langweile zu richtig prächtigen Vertretern ihrer Gattung heran, weit entfernt vom ansonsten aus dem Handel bekannten kleinen Krebs galicischer Herkunft.

Vulkankrebse

Man kann sie nach einer recht abenteuerlichen Fahrt über Forstwege selber abholen und nach einem möglichst stressarmen Transport selbst frisch zubereiten, am besten in einer einfachen Weißweinfumet mit Dill, viel mehr braucht man eigentlich schon gar nicht, um die Krebse mit höchsten Genuss verspeisen zu können.

Die Karkassen sind dann eine wunderbare Basis für eine aromatische Krebssuppe oder auch Krebsbutter, mit der man Fischgerichte gekonnt verfeinern kann. So macht aktiver Artenschutz richtig Spass.

Hof Berbalk

Lammfleisch und Lammwurst

8 Auf der Lai 1 | 65529 Waldems-Wüstems
06082/878 | www.hof-berbalk.de

Hofverkauf nach telefonischer Vereinbarung
Donnerstag und Samstag: Erzeugermarkt Konstablerwache, Frankfurt
Freitag: Schillermarkt, Schillerstraße, Frankfurt
Samstag: Wochenmarkt, Dernsches Gelände, Wiesbaden

Während der kältesten Zeit des Jahres, knapp 100 Tage lang, werden die Schafe der Berbalks im Stall gehalten. Wenn es draußen allzu nass ist und Minusgrade vorherrschen, sind die Tiere im Stall besser aufgehoben als auf den Weiden des Emstales. Außerdem ist von Ende Dezember bis März die Zeit, in der die meisten Lämmer auf die Welt kommen. Für deren Aufzucht, und um dafür zu sorgen, dass sie ausreichend mit Milch und gegebenenfalls zusätzlichem Futter versorgt werden, ist der Stall zumindest im Winter die geeignete Umgebung. Heiko Berbalk steht in dem luftigen, geräumigen Stall und lässt den Blick über seine Herde schweifen – rund 750 Mutterschafe und etwa noch einmal so viele Lämmer. Das Geblöke der Tiere – von den sopranhaften Stimmchen der Lämmer bis zu den knatternden Bässen der älteren Tiere – ergibt einen fröhlichen, ganz eigenen Chor.

Wenn Schäfer Heiko Berbalk bei seiner Herde steht und den Blick über die teils wild durcheinanderhopsenden Tiere schweifen lässt, erkennt er schnell, wo etwas nicht so ist, wie es sein soll. „Wenn man 750 Men-

schen auf einem Platz versammelt, dann tut auch jedem was anderes weh", sagt er. „Der eine hat's am Ohr, der andere am Bein, der eine hat dieses, der andere jenes. Und so ist das bei den Schafen auch. Da hat jedes jeden Tag was anderes."

Die Herde des Bioschäfers besteht zum größten Teil aus Rhönschafen. Eine für einen Betrieb, der auf Fleischgewinnung ausgelegt ist, an sich weniger geeignete Rasse: Sie liefert nicht viel Fleisch. Aber dafür ist es von großer Güte und von angenehm würzigem Geschmack – ein Resultat der richtigen Kombination der Faktoren Rasse, Haltung und Fütterung (abgesehen von Schlachtung und Reifung). Um den geringeren Fleischansatz der Rhönschafe etwas auszugleichen, hält der Schäfer einige Bergschafe, die größer und muskulöser sind. Die eingekreuzten, für die Mast vorgesehenen Lämmer sind etwas fleischreicher. Für die

Hof Berbalk

Zucht verwendet Berbalk nur die reinrassigen Rhönschafe. „Wenn ich die gekreuzten Lämmer für die Zucht aufheben würde, dann hätte ich hier einen ziemlich durcheinandergewürfelten Haufen. Also achte ich darauf, dass die Herde für die Zucht reingehalten wird."

Beide Rassen eignen sich für die extensive Haltung in den Taunustälern. Sie bieten den Tieren ausreichend Gräser, Kräuter und Büsche, durch die ihr Fleisch seinen herrlich würzigen Geschmack bekommt. Von Heu, Grassilage (beides selbst erzeugt) und einem Biokraftfutter aus Getreide leben die Tiere nur im Winter während der maximal 100 Stalltage. Kommen sie dann im Frühling wieder auf die Weide, ernähren sie sich von dem, was die Natur ihnen bietet. Die Schafe bleiben sechs bis sechseinhalb Monate auf dem Hof. Dann haben sie ein Gewicht von 17 bis 18 Kilogramm und noch recht wenig Fettansatz.

Für Heiko Berbalk hat das Fleisch der Tiere dann die beste Qualität – der Schlachttag rückt also näher. Nach der Schlachtung, während der größter Wert darauf gelegt wird, dass das Tier nicht gestresst wird – nicht nur aus Respekt, auch für eine gute Fleischqualität –, hängt der Schlachtkörper vier Tage im Kühlhaus ab, dann wird er zerlegt. Die Reifung trägt auch zur Qualität des Fleisches bei, ein zu kurz abgehangenes Tier kann keinen guten – zarten – Braten ergeben.

Berbalks vermarkten das ganze Tier: angefangen von der Wolle, über die Edelteile Schulter, Rücken und Keule und die weniger teuren, aber keineswegs weniger schmackhaften Teile wie die Haxen bis zu den Innereien, die für viele Kenner eine absolute Delikatesse sind.

680

Domäne Mechtildshausen

Rinderzucht

9 Air-Base Erbenheim | 65205 Wiesbaden-Erbenheim
0611/7374641 | www.domaene-mechtildshausen.de

Öffnungszeiten
Dienstag bis Freitag 9 – 19 Uhr
Samstag 8 –15 Uhr

Was Ende der 1980er Jahre als relativ kleiner Betrieb mit wenigen Kühen begonnen hat, ist heute einer der größten Vorzeigebetriebe der Region für die biologische Aufzucht von Nutztierrassen. Allein knapp 1.000 Rinder, vom Kalb bis zum 1.500-Kilo-Zuchtbullen, werden in der Domäne Mechtildshausen heute gehalten. Braungefleckte Montbéliard-Rinder geben die Milch, die in der domäneneigenen Käserei weiterverarbeitet wird. In der Rinderzucht, dem Bereich, in dem die Tiere für die Schlachtung vorgesehen sind, leben 250 Charolais-Mutterkühe mit jährlich 250 Kälbern. Ihren Ursprung hat diese Fleisch-Rasse im Burgund. Wer dort diese karamellfarbenen Schönheiten einmal auf einer der vielen von Hecken umstandenen Wiesen beobachten konnte, behält diesen Anblick vermutlich lange in Erinnerung.

Die Rinder, die auf der Domäne Mechtildshausen gehalten werden, haben es aber vermutlich nicht schlechter als ihre französischen Artgenossen. Sie leben während der kalten Monate des Jahres in einem offenen, groß-

zügigen Laufstall, in dem jede Kuh auch ausreichend Platz hat, sich hinzulegen. Wenn die Temperaturen stabil genug sind, dass es keinen Frost mehr gibt, kommen die Tiere auf die Weiden. Tierwirt Günter Dittrich erklärt den Zyklus der Haltung auf der Domäne: „Die Mutterkühe bleiben ihr ganzes Leben hier. Die gebären jedes Jahr ein Kalb, wenn dieses Kalb ein Bullenkalb ist, wird es für die Mast vorgesehen. Die weiblichen Tiere werden sortiert: Die mit sehr guter Abstammung ergänzen die Herde, die anderen, ‚Normalos', werden ausgemästet und geschlachtet." Die Mastrinder leben zwischen 20 und 30 Monaten auf der Domäne. Sie haben dann ein Schlachtgewicht zwischen 700 und 900 Kilogramm.

Am Tag vor der Schlachtung werden die Kühe den kurzen Weg zum hofeigenen Schlachthaus transportiert. Der zeitliche Puffer ist absichtlich eingerichtet, denn bereits diese Umstellung ist aufregend für die Kühe und bedeutet Stress. Wenn die Tiere ausgemästet sind, endet die Arbeit der Landwirte. Die Schlachter übernehmen. Das ist eine Besonderheit in der Domäne: Hier findet alles unter einem Dach statt: Geburt, Aufzucht, Schlachtung, Verarbeitung, Vermarktung. Das ermöglicht die besonders

enge Abstimmung zwischen Landwirten und Schlachtern. Metzgermeister Randolf Müller erklärt, warum Stress vor der Schlachtung unbedingt vermieden werden sollte: „Stress bedeutet Adrenalinausstoß. Das Adrenalin sorgt dafür, dass das Fleisch nass und wässrig wird. Dann kann die Reifung des Fleisches nicht gewährleistet werden. Ist Wasser freigesetzt, wird das Fleisch schnell gammelig. Deshalb ist das oberste Gebot: kein Stress!" Nach der Schlachtung sollte das Tier dann schnellstmöglich in die Kühlung, sagt Randolf Müller. „Damit keine Keime das Fleisch verderben, hängt das Fleisch bei sechs bis acht Grad ab."

Ist denn das Abhängen hier wirklich ein Abhängen dem Wortlaut nach? Oder wird auch hier ‚Abhängen' genannt, was – wie es in vielen anderen Betrieben heute die Regel ist – eigentlich eher ein ‚Abliegen' ist, wo das Fleisch, nach der Schlachtung in Einzelteile zerlegt, in portionsgerechten Vakuumbeuteln eingeschweißt wird. Ob das Fleisch auf diese Weise wirklich reift, wird in Fachkreisen kontrovers diskutiert. Die Gegner des Vakuumisierens sehen darin den Grund für wahrnehmbare Geschmackseinbußen. Aber auf der Domäne hängen die Rinderhälften tatsächlich.

„Wir lassen die halbierten Rinder etwa vierzehn Tage abhängen. Das Kühlhaus wird auch erst eine Woche später wieder geöffnet. Wir kontrollieren dann, ob mit dem Fleisch alles in Ordnung ist. Während der Reifung sollte es keinen Temperaturwechsel geben, es sollte auch keine Feuchtigkeit entstehen. Diese Form der Reifung bedeutet zwar einen Gewichtsverlust, weil das Fleisch ja trockner wird, aber es bedeutet eben auch, dass das Fleisch eine besondere Qualität und einen tollen Geschmack bekommt."

Allerdings verwirft man hier die Methode des Vakuumisierens nicht: „Nach den zwei Wochen reifen Edelteile wie Filet, Hochrippe, Roastbeef und Hüfte dann allerdings noch eine Woche im Vakuumbeutel", sagt der Schlachter. „Wir haben verschiedene Versuche unternommen und diese Ergebnisse haben uns überzeugt: Zartheit und Geschmack des Fleisches sind so besonders gut."

Aber das Abhängen am Knochen sei für die Qualität des Fleisches eben doch von zentraler Bedeutung: „Es ist ganz wichtig, dass das Fleisch in der ersten Zeit am Knochen hängt", sagt Randolf Müller. „Das hat etwas mit Ab-hängen zu tun, das Wort sagt es ja. Dadurch werden die Muskeln während des Abkühlens gestreckt. Wenn das Fleisch erst mal kalt ist, dann ist es vorbei, dann passiert das nicht mehr. Aber in der Zeit vor dem Auskühlen ziehen sich die Muskeln auseinander, das ist unerlässlich für die Qualität."

Das 400-g-Rumpsteak vom jungen Charolais-Bullen, das wir uns von der Domäne mitgebracht haben, war dann nach Anbraten und einigen Minuten im gelinde angeheizten Ofen genau das: ein saftiger und zarter Genuss – trotzdem es – typisch Charolais – kaum marmoriert war und nur einen schmalen Fettrand hatte.

Metzgerei Schneider

Pferdefleisch

10 **Hauptstraße 219 | 63829 Krombach**
06024-5795 | www.pferd-lamm-ziege.de

Wochenmärkte

Donnerstag:	Kaiserstraße, Frankfurt 7 – 19 Uhr
Freitag:	Wilhelmsplatz, Offenbach 7 – 14 Uhr
Samstag:	Wilhelmsplatz, Offenbach 7 – 14 Uhr

Wenn er an seinen zehn Fingern abzählen soll, wie viele Pferdemetzger ihm in Hessen einfallen, die heute noch ihrem Handwerk nachgehen, muss Klaus Schneider lange nachdenken – um dann nicht über zwei Betriebe hinauszukommen. Es ist auch wirklich lange her, dass das Handwerk des Rossschlachters in Deutschland weit verbreitet war. Kein Wunder, dass es immer weniger und weniger Betriebe gibt, die sich der Schlachtung und Vermarktung dieser Tiere widmen. Es ist einfach unpopulär, Pferd zu essen. Lange Zeit gab es noch einen Pferdemetzger, der einen Stand in der Frankfurter Kleinmarkthalle betrieben hat, aber auch diesen Stand gibt es schon seit einigen Jahren nicht mehr.

Es sind vornehmlich moralische Vorbehalte, die gegen den Verzehr von Pferdefleisch vorgebracht werden. Klaus Schneider berichtet, wie ihn Mädchen mit einem Faible für den Reitsport schimpften, wie er nur Pferde schlachten könne. „Aber die gravierenden Sehnen- und Gelenkprobleme, die die Tiere haben, kommen ja nicht einfach so“, verteidigt er

Metzgerei Schneider

sich. „In aller Regel sind das Schäden, die die Tiere durch unsachgemäße Haltung erleiden. Zum einen resultieren die irreparablen Schäden daraus, dass die Pferde falsch geritten werden, zum anderen daraus, dass sie überhaupt zu wenig bewegt werden", sagt Schneider. „Pferde werden doch häufig zu wenig bewegt, nur noch dann, wenn der Besitzer mal Zeit hat – am Wochenende." Die meisten Pferde, eigentlich ja Arbeitstiere, stünden zu viel Zeit im Stall oder auf der Koppel, Reitschäden seien dann programmiert. So sind es denn auch hauptsächlich Pferde mit Sehnen- und Gelenkproblemen, die zur Schlachtung geführt werden.

Es seien aber nicht nur die Reitermädchen, die sich gegen den Pferdeverzehr wendeten. Auch in seiner direkten Umgebung würde es kaum

Leute geben, die für ihren Sonntagsbraten mal ein Stück aus dem Hinterviertel eines Pferdes wählen würden – „was der Bauer nicht kennt, ..." Die Pferdebratwürste (nicht pur, sondern mit Schweinefett) allerdings, die er alljährlich auf der Publikumsveranstaltung eines Edelbrenners in einem der Nachbardörfer vom Grill weg anbietet, würden aber reißenden Absatz finden. Was die Pferdefleischvermarktung anbelangt, ist es für den kleinen Schlachtbetrieb also ein Segen, dass es die Märkte in Frankfurt und Offenbach gibt. Dort findet Metzger Schneider gerade für sein Pferdefleisch einen eingeschworenen Kreis überzeugter Kunden, die ihm das Fleisch gern abkaufen. Das Ziegen- und Lammfleisch, ebenfalls selbst geschlachtet, das er zusätzlich in seinem Marktwagen anbietet, stellt eine sinnvolle – populärere – Ergänzung des Sortiments dar.

Klaus Schneider schlachtet etwa alle vierzehn Tage ein Pferd. Und bevor er das tut, muss sichergestellt sein, dass das Tier zur Schlachtung freigegeben ist. Auskunft darüber gibt der Equidenpass, über den der Halter eines jeden Tieres verfügt. Ohne den Vermerk „Für die Schlachtung freigegeben" wird kein Pferd geschlachtet, es muss dann teuer eingeschläfert und entsorgt werden. Der Vermerk im Equidenpass sorgt auch dafür, dass bestimmte Medikamente, die nicht in die menschliche Nahrungskette gelangen sollen, im Krankheits- oder Verletzungsfall bei dem bestimmten Pferd nicht angewendet werden dürfen, oder dass das Pferd erst dann geschlachtet werden darf, wenn das Medikament sich abgebaut hat.

Das Fleisch älterer Tiere wird für die Herstellung der Würste verwendet, außer der Bratwurst etwa Fleischwurst und Krakauer, das der jüngeren Tiere kommt als Fleisch in die Auslage. Teile aus dem Vorderviertel gelangen auch eher in die Wurst, aus dem Hinterviertel der Tiere stammen die edlen Teile: Filet, Keule, Hinterrücken und Oberschale etwa. Die Teile aus dem Hinterviertel hängen zwischen acht (Hinterkeule) und vierzehn Tagen (Roastbeef). Geschmacklich ist Pferdefleisch übrigens sehr nah am Rindfleisch, es ist eine köstliche Alternative dazu. Je jünger das Pferd, desto mehr ähnelt sein Geschmack dem von Rindfleisch. Erst mit zunehmendem Alter prägt sich ein charakteristischerer Geschmack aus, etwas deftiger, kräftiger. Für die Freunde mageren Fleisches ist Pferdefleisch ohnehin die richtige Wahl. Mit seinen ein bis zwei Prozent Fett ist es auf dem Gebiet unschlagbar. Unsere Empfehlung: Rheinischer Sauerbraten! Ursprünglich wurde der auch aus Pferdefleisch zubereitet.

Metzgerei Spahn

Bio-Metzgerei

11 Bergerstraße 222 | 60385 Frankfurt am Main
069/455481 | www.biospahn.de

Öffnungszeiten

Mo bis Do	7.30 – 13.30, 15 – 19 Uhr
Freitag	7.30 – 19 Uhr
Samstag	7.30 – 16 Uhr

Das Jahr 2000 war das Jahr, in dem Metzger Michael Spahn sich neu erfunden hat. Bis dahin hatte er die Filiale einer konventionellen Metzgereienkette geleitet. Dort verkaufte er Schwein, Rind und Wurstwaren – beim Großschlachthof bestellt, verkaufsfertig in die Kühltheke geliefert. Mit der Zeit reichte ihm das nicht mehr aus. Er besann sich auf das, was er einige Jahre vorher in der Ausbildung gelernt hatte – das traditionelle Metzgerhandwerk – und baute seine berufliche Existenz neu auf. Unter anderem bedeutete das, dass er sich eine ganz neue Infrastruktur aufbauen musste.

Massentierhaltung und die Umstände akzeptieren, unter denen Tiere in den städtischen und Großschlachthöfen geschlachtet werden – das wollte Spahn nicht mehr. Wenn schon Tiere schlachten, dann so respektvoll, stressfrei und behutsam wie nur möglich, so wesensgerecht die Unterbringung und Haltung bis dahin wie möglich. Zur gleichen Zeit war Norbert Werner, Lammzüchter in Osthessen, auf der Suche nach einer

Möglichkeit, seinen Wirkungskreis in Richtung Frankfurt zu erweitern. Beide lernten sich kennen, Spahn erlangte für seinen Betrieb ein Biozertifikat, sein erstes Produkt als Biometzger war das Werner'sche Lammfleisch. Seitdem besteht die Partnerschaft zwischen dem Züchter/Schlachter und dem Metzger. Die Schafe leben rund ein Jahr auf dem Werner'schen Gut. Erreichen die Tiere ein Gewicht von etwa 60 Kilogramm, werden sie im hofeigenen Schlachtraum geschlachtet. Das Fleisch dieser ausgewachsenen Schafe ist würziger als das junger Tiere, doch ist es noch weit davon entfernt zu „hammeln". „Dieser penetrante Geschmack kommt erst mit der Geschlechtsreife, wenn die Hormone sich vornehmlich im Fettgewebe der Tiere ablagern", erklärt Spahn.

Das Schweinefleisch in Spahns Auslage stammt ausnahmslos vom Schwäbisch-Hällischen Landschwein, wegen seines schmackhaften, saftigen Fleisches mit intramuskulären Fetteinlagerungen heiß begehrt bei Feinschmeckern.

Außer den Schafen und Schweinen vermarktet er das Fleisch einer Herde Bio-Angus-Rinder, die während des gesamten Jahres auf einer Weide unter freiem Himmel im Westerwald lebt. Das Fleisch reift nach der Schlachtung im Vakuumbeutel – die Fachwelt streitet darüber, ob diese Methode oder das klassische Abhängen das bessere Ergebnis erzielt –, frühestens nach zwei Wochen werden die Teile verkauft, die für Braten und Gulasch vorgesehen sind, Steaks liegen bis zu sechs Wochen.

Trotz all dieser profilierten Produkte: Michael Spahns Steckenpferd ist ein eher schlichtes Ding – auf den ersten Blick: „Die Wurst", ruft der Metzger freudig, wenn man ihn nach dem Teil seiner Arbeit fragt, der ihm die größte Freude bereitet. „Die Wurst ist das, weswegen ich diesen Beruf so gern ausübe!" Spahn denkt sich immer wieder neue Rezepturen aus und sinnt über die perfekte Würze nach – Fertiggewürze sind natür-

lich ein Tabu! Spahn kommt mit relativ wenig Salz aus, 18 Gramm pro Kilogramm Wurstmasse, und schafft es, vielen Würsten eine fruchtige, frische Note zu verleihen. Die Apfel-Leberwurst etwa, die deutlich fruchtige Aromen hat, genauso wie etwa die Salami.

Spahn versucht eine Erklärung: „Vielleicht liegt das auch an meinem Lieblingsgewürz, dem Ingwer. Den setze ich sehr gern ein. Ingwer hat zum einen ja diese gewisse Schärfe, zum anderen aber auch eine fruchtige Komponente. Und wenn ich meine Würste ausreichend, aber auch ausgewogen würze, dann brauche ich auch nicht so viel Salz." Im Sortiment der Würste stellen die Salamis übrigens die größte Herausforderung für den Metzger dar – laut Spahn macht sich nur der allergeringste Teil seiner Kollegen noch die Mühe, diese Würste selbst herzustellen; zu schwierig sei die Handhabung der Rohwürste. Aber für Michael Spahn

sind es genau die kniffligen Sachen, die seinen Beruf so faszinierend machen: „Ein Handwerker, der seinen Beruf liebt, sucht doch die Herausforderung! Je schwieriger etwas ist, desto lieber mache ich es doch. Wenn ich meinen Beruf liebe, dann warte ich doch nicht darauf, dass ich mir eine Salami im Großhandel kaufen kann, dann mache ich sie mir doch selbst!"

Interessant übrigens für umwelt- und gesundheitsbewusste Gourmets: die emissionsfreie Flüssigrauchanlage. Der Rauch wird wasserfiltriert, alle Schadstoffe, die beim herkömmlichen Räuchern auf das Produkt übergehen können, werden herausgefiltert. So hat man den Geschmack und die Optik, nicht aber Teer und Benzol an Schinken und Wurst. Macht doch Sinn, bei einer Biometzgerei.

Metzgerei Quirin

Landwirt und Schweinezüchter

12 **Korffstraße 21 | 60437 Frankfurt am Main**
06101/41513 | www.metzgereiquirin.de

Verkaufsstand mit Imbiss
Dienstag: Dornbusch, Frankfurt 8 – 18 Uhr
Donnerstag: Harheim von 15 – 19 Uhr
Freitag: Börsenplatz direkt vor der Börse, Frankfurt 8 – 18 Uhr
Samstag: Erzeugermarkt Konstablerwache, Frankfurt 8 –16 Uhr

Hofverkauf
Donnerstag: 15 – 19 Uhr

Bei Quirins dreht sich alles ums Schwein. Zwar wird von Zeit zu Zeit auch mal ein Rind oder ein Kalb geschlachtet, aber die Hauptsache sind die Schweine. Knapp 300 sind es bei unserem Besuch gewesen, sie leben in einem großzügig bemessenen Stall, in kleinen Gruppen. In den Abteilungen haben sie viel Platz, sie liegen auf frischem Stroh; Spaltböden, die dem Landwirt das Arbeiten leichter machen, für das Schwein aber eine deutliche Verschlechterung der Umstände bedeuten, findet man hier nicht. „Das ist nur für den Bauern gut, nicht für das Tier", sagt Karsten Quirin, „deswegen kommt so etwas bei uns nicht infrage." Das Stroh in den Ställen dient den Tieren nicht nur als Unterlage, sie fressen es auch. Dadurch gewinnt ihr Fleisch an Aroma – das Graufutter (beispielsweise Heu, Grassilage und geschrotetes Getreide) gibt ihm einen herzhafteren Charakter.

Metzgerei Quirin

Das Getreide für das Futter bauen Quirins selbst an. Auf 33 Hektar rund um den Frankfurter Stadtteil Harheim wachsen Körnermais, Wintergerste, Weizen und Hafer. Geschrotet und mit wenigen Mineralien und Vitaminen versetzt, stellen diese Getreide die Nahrung der Schweine dar. Kein Futterzukauf, alles aus einer Hand. Früher gab es auf dem Hof eine eigene Ferkelaufzucht, zugunsten einer Erweiterung der Metzgerei und Schlachterei, deren Umsetzung in den Startlöchern ist, werden die Ferkel heute aber eingekauft. Sie werden mit einem Gewicht von 25 Kilogramm eingestallt und bleiben auf dem Hof, bis sie das Schlachtgewicht von ungefähr 150 Kilogramm erreicht haben.

Quirins haben neben einigen Duroc-Schweinen hauptsächlich solche der Piétrain-Rasse im Stall stehen. Die Schweine dieser fleischreichen Rasse

liefern viel mageres Fleisch; für Quirins, die ihre Ware in Frankfurt vermarkten, ist das wichtig: „Die Frankfurter verlangen ja Fleisch mit wenig Fett", sagt Karsten Quirin. „Und dank dieser Schweine können wir sogar einen mageren Schweinebauch anbieten", fügt er schmunzelnd hinzu. Aber dafür schlachtet er die Schweine nicht schon im Alter von sechs Monaten, sondern erst wenn sie acht Monate alt sind. „Das Fleisch ist dann etwas reifer und durchwachsener", erklärt Quirin, „ähnlich dem Fleisch der Schwäbisch-Hällischen, mit einem höheren intramuskulären Fettgehalt, und das brauchen wir ja nicht nur für die Wurst, sondern natürlich auch für die Bratenstücke."

Nach der Schlachtung – jeden Montag werden im eigenen, EU-zertifizierten Schlachtraum acht bis zehn Tiere geschlachtet – hängen die in

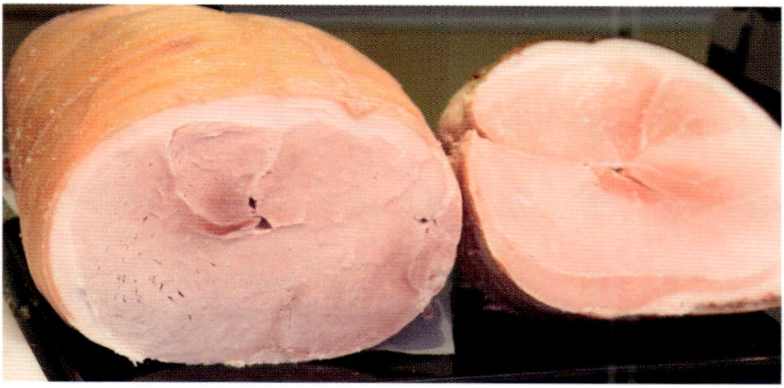

zwei Hälften geteilten Schweine für nur vier bis fünf Stunden ab. Dann werden sie in die einzelnen Teile zerlegt, die vermarktet werden sollen, das Fleisch, das nicht für die Wurstherstellung vorgesehen ist, liegt dann drei Tage in der Kühlung – an sich könnte man das Fleisch auch bis zu zehn Tage reifen lassen, aber für Quirins ist am dritten Tag der richtige Zeitpunkt erreicht. Wer mag, kann ab dann am Hof (immer donnerstags) oder auf einem der Märkte, auf dem die Quirins verkaufen, Bratenfleisch fürs Wochenende erstehen.

Neben anderen Würsten gibt es Presskopf, Blut- und Leberwurst, Salami, mächtige Fleischwürste und sehr schmackhafte, herzhaft gewürzte Bratwürste; das Wurstsortiment besteht ausschließlich aus eigenen Erzeugnissen, zugekauft wird nichts – sogar Wild aus eigener Jagd im Taunus wird verkauft. Der Kochschinken ist ein herrliches mehrere Kilo schweres Trumm, gerollt aus Ober- und Unterschale. Überall Handwerk, überall Handarbeit. Das ist viel Aufwand für einen Familienbetrieb mit ein paar Angestellten. Aber Karsten Quirin will es nicht anders: „Wir könnten es uns auch leichter machen. Aber wir wollen alles, was wir verkaufen, mit gutem Gewissen über die Theke reichen. Deswegen machen wir alles selbst. Dann habe ich es in der Hand und dann habe ich die Verantwortung."

Waldladen
Forstamt
Hanau-
Wolfgang

Forstamt Hanau

Wildkammer

13 Rodenbacher Chaussee 10a | 63457 Hanau
06181/95019-17 | www.hessen-forst.de

Waldladen
Mittwoch 14 – 17 Uhr
Freitag 12 – 14 Uhr
Adventssamstage 10 – 12 Uhr

Als der Waldladen im Forstamt Hanau-Wolfgang vor rund 10 Jahren eröffnete, wurden, angelehnt an das Motto „Fort mit dem Rehbraten! Gebt uns einen Wald und ein Messer!", nur ganze geschossene Tiere, ausgenommen und abgehangen zwar, aber noch im Fellkleid verkauft. Wer dann festlich speisen wollte, musste entweder selbst ran, oder er kannte jemanden, der wusste, was in so einem Fall mit dem Messer zu tun ist. Diese Zeiten sind heute vorüber. Aufgrund mangelnder Fähigkeiten, ein Reh oder ein Wildschwein fachgerecht zu zerlegen, wurde der Kundenkreis immer kleiner. Deswegen kommt man heute den Kunden des Waldladens natürlich entgegen: Es gibt Keule, Rücken und Lende, genießerfreundlich und handelsüblich portioniert. Die Abschnitte der Tiere werden von einem Metzger zu Brat- und Mettwürsten verarbeitet – hier wird allerdings eine gewisse Menge Schweinefett zugefügt. Im Rahmen der Bestandsregulierung im Bereich des Forstamtes werden auf Drück- und Ansitzjagden Rehe, Damwild und Wildschweine geschossen. Angrenzende Forstämter in Vogelsberg und Spessart liefern Rotwild und zusätzlich Wildschweine.

Bei den Drückjagden (die auch als Treibjagden bekannt sind und vornehmlich im Winter durchgeführt werden) wird das Wild durch Treiber und Hunde aufgeschreckt. Die Tiere sollen bewusst nicht gehetzt werden, denn so würden die Tiere gestresst, worunter auch die Fleischqualität leiden würde. Es wird also dafür gesorgt, dass die Tiere „in Bewegung gebracht werden, um sich eine neue Deckung zu suchen", erklärt Christian Schäfer, Leiter des Forstamtes Hanau-Wolfgang. „Irgendwann kommt dann irgendwo eines bei den Schützen vorbei und kann mit einem sauberen Schuss ins Herz erlegt werden."

Die geschossenen Tiere werden rasch ins Forstamt transportiert, der Veterinär kontrolliert, die Metzger beginnen die Verarbeitung der Tiere und hängen sie für zwei oder drei Tage ins Kühlhaus, wo sie im Fell (man sagt auch „in der Decke") abhängen. Danach werden sie zerteilt, portioniert, verkauft. Innerhalb der ersten zwei Tage nach der Reifung als Frischfleisch, was dann noch nicht verkauft ist, wandert in die Tiefkühlung. Das sorgt beim Wild, anders als bei anderen Fleischarten, nicht für Qualitätseinbußen. Die Jagdsaison beginnt in jedem Jahr am ersten Mai. Freigegeben sind dann die Rehe, und zwar lediglich die Böcke und die einjährigen weiblichen Tiere. Rehwild wird bis in den Juli gejagt, ab August ist das Rotwild freigegeben. Das meiste Schwarzwild wird im Winter geschossen.

Ab Ende Oktober beginnt die Hoch-Zeit der jährlichen Jagd. „Dann ist die Nachfrage am größten, besonders natürlich, wenn es auf Weihnachten zugeht. Der Wildbraten gehört für viele in diese Zeit, dabei kann man Wild auch ganz wunderbar im Sommer essen", sagt Forstamtsleiter Schäfer.

Zugefüttert wird übrigens gar nicht, auch nicht im Winter. Die Tiere leben ausschließlich von dem, was sich ihnen im Wald anbietet: Gräser, Rinde, Bucheckern, Eicheln und dergleichen mehr.

FORSTAMT
10a

Bauer Mann

Geflügel und Eier, Schwein und Rind

14 **Brunnerstraße 18 | 64846 Groß-Zimmern**
06071/41473

Verkauf
Nach Anmeldung am Hof oder
Freitag und Samstag: Kleinmarkthalle, Frankfurt

Auf dem Bauernhof von Klaus Mann haben wir einige der schönsten Hähne gesehen, richtige Bilderbuchhähne. Diese prächtigen Bauerngockel picken auf dem Boden um uns herum, scharren im Stroh, glucksen und gackern, ab und zu kräht einer von ihnen ohrenbetäubend laut, ruckt mit dem Kopf und beäugt uns Eindringlinge argwöhnisch. Klaus Mann nennt sie Coq-au-Vin-Hähne. Sie gehören zu einer langsam wachsenden Hühnerrasse; die frisch geschlüpften Küken kauft der Bauer in Frankreich, in einem Betrieb, der sich auf die Zucht langsam wachsender Geflügelarten spezialisiert hat.

Etwa ein halbes Jahr bleiben die Tiere auf dem Hof, im geräumigen Stall mit reichlich Auslaufmöglichkeit unter freiem Himmel. Sie ernähren sich von dem, was die Natur ihnen bietet (Schnecken, Insekten, Würmer, Gräser etc.) und bekommen zudem geschrotetes Getreide, das auf dem Bauernhof angebaut wird. Diese schönen, stolzen Hähne sind so etwas wie der Gegenentwurf zu den bedauernswerten Fließbandhähnchen der Industrie, die in Rekordzeit durch Turbomast auf ihr Schlachtgewicht von etwa einem Kilogramm gepäppelt werden.

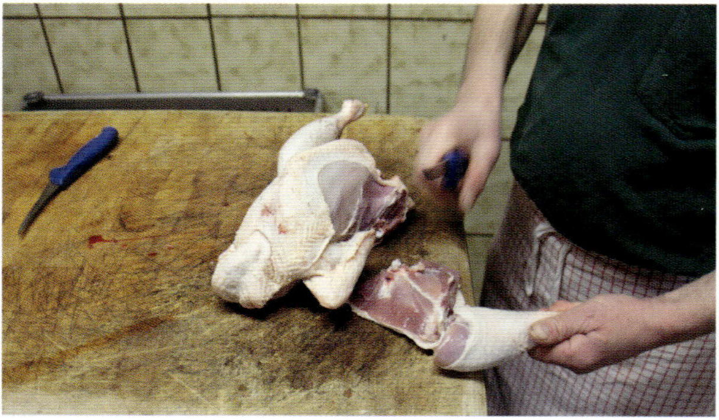

Rechtzeitig vor der Geschlechtesreife schlachtet Klaus Mann die Bauernhähne im hofeigenen Schlachtraum. Das Fleisch der Bauerngockel ist von dunkelroter Farbe, angenehm fester Konsistenz und von einem kräftigen Wohlgeschmack. Fügt man so einem Zwei-Kilo-Vogel (zerteilt, aber nicht entbeint, angebraten) eine Flasche guten Rotweins, Schalotten, etwas gewürfelten Speck, Gewürze, Kräuter, eine kleine Handvoll feingewürfelte Karotte vielleicht und ein paar kleine, geviertelte Champignons hinzu und lässt man ihm dann bei 120° Celsius im Ofen zwei, eher drei Stunden Zeit, hat man ein Festessen, das aller Ehren und jeden Cent wert ist: eine tief aromatische Sauce und Geflügelfleisch von einmaliger Struktur, saftig, zart, doch mit leichtem Biss, ein delikater Charaktergockel.

Klaus Mann ist Bauer in der vierten Generation. Auf seinem Bauernhof in Groß-Zimmern gibt es ganz viel von dem, was man auf einem Bauernhof so erwartet: Es gibt etwa Enten, Perlhühner, Freilandputen, Gänse und Kapaune, diese Masthähne, die so besonders viel Fleisch ansetzen, weil man sie vor der Geschlechtsreife entmannt hat ...

Der Legehennenbestand sorgt für schmackhafte Frühstückseier. Auch hier gilt: Nur nicht das Gewöhnliche! Deswegen legen hier Maranhühner ihre Eier mit dunkelbrauener Schale und die südhessischen Nachfahren des südamerikanischen Araucana-Huhnes solche mit grüner Schale. Liebhaber zahlen gern den höheren Stückpreis, um in den Genuss dieser Spezialitäten zu kommen, wie auch für die heiß begehrten Perlhuhneier.

Eine andere Besonderheit auf Klaus Manns Hof sind die Wollschweine. Der Name rührt von ihrem ungewöhnlichen Fell her: Die Borsten der Tiere sind lang und lockig und sorgen für die wollige Erscheinung der Tiere. Die langsam wachsende Rasse entwickelt einen hohen Fettanteil und ein sehr schmackhaftes, dunkelrotes Fleisch. Charakteristisch für die stattlichen Koteletts ist der zentimeterdicke, leuchtend weiße Fettrand, der das geschmackvolle Fleisch einfasst. Keine Bange vor diesem Fett! Erstens kann man es nach dem Garen ja einfach entfernen, zweitens steht das Fett dieser alten, ungarischen Hausschweinsorte im Ruf, gar nicht gesundheitsschädlich zu sein.

Die Schweine bleiben während des ganzen Jahres unter freiem Himmel, ihre Fettschicht schützt sie vor Kälte. Sie werden, wie die anderen Tiere auf dem Mann'schen Bauernhof auch, „naturgefüttert": Sie bekommen das, was im eigenen Betrieb wächst - Gras, Klee, Rüben und Getreideschrot. Im Alter von zwei Jahren werden sie mit einem Gewicht von rund 150 Kilogramm geschlachtet. In erster Linie werden die Tiere in Form von Fleischstücken vermarktet, der geringste Anteil wird zu Wurst verarbeitet. Schinken und Dörrfleisch werden traditionell über Wochen in Salzlake eingelegt – eben so, wie das früher auch gemacht wurde. Anschließend räuchert Klaus Mann und legt die Köstlichkeit dann in die Auslage seines Marktstandes in der Frankfurter Kleinmarkthalle.

Die kleine Angus-Herde und einige Pinzgauer beschließen den Reigen der Tiere, die hier leben. Die Tiere bleiben zwischen acht und zwölf Monaten am Hof, dann werden sie geschlachtet. Und dann gibt es wieder so eine Besonderheit des Hofes, um die sich die Feinschmecker reißen: Klaus Mann lässt das Fleisch seiner Rinder auch nach individuellen Kundenwünschen etwas länger abhängen. Einiges, so meint der Bauer, kann er gut als „Frischfleisch" verkaufen: Etwa Suppenfleisch und das Fleisch für Gulasch verkauft Mann noch in der Schlachtwoche. „Das muss nicht lange abhängen, weil es sowieso länger geköchelt wird", erklärt er. Andere Fleischstücke lässt er auch zwei bis drei Wochen hängen, auf besonderen Kundenwunsch auch mal etwas länger: „Es gibt Kunden, die wollen das Fleisch ganz dunkel haben, sozusagen dry aged, dann lasse ich es auch mal vier Wochen offen im Kühlraum hängen. Manchem ist das dann zu alt, aber es gibt Kunden, die wollen das so."

Wer sich bei so viel Wahlmöglichkeit nicht sicher ist, was er wählen soll, kann übrigens getrost fragen: Klaus Mann ist nicht nur ein erstklassiger Bauer, er ist ein ebenso kompetenter Ratgeber in Zubereitungsfragen.

Alles Käse

Dottenfelderhof

Demeter-Käserei

15 Dottenfelderhof | 61118 Bad Vilbel
06101/529625 | www.dottenfelderhof.de

Hofladen
Montag bis Freitag 9 – 19 Uhr
Samstag 8.30 – 16 Uhr

Wochenmärkte

Dienstag:	Louisenstraße, Bad Homburg 7.30 – 14 Uhr
Donnerstag:	Mühlheim am Main 8 – 13 Uhr
	Erzeugermarkt Konstablerwache, Frankfurt 9 – 20 Uhr
Freitag:	Louisenstraße, Bad Homburg 7.30 – 14 Uhr
	Bad Nauheim 8.00 – 13 Uhr
	Rosbach 14.30 – 19 Uhr
Samstag	Bad Vilbel, 8 – 12 Uhr
	Erzeugermarkt Konstablerwache, Frankfurt 8 – 17 Uhr

Morgens um fünf Uhr ist es auf dem Dottenfelderhof noch ziemlich still. Kein Laut ist zu hören, außer von den Vögeln, die noch vor dem ersten Licht des Tages ihre Gesänge anstimmen. Und es ist dunkel auf dem Hof. Nur zwei Lichtquellen sind auszumachen: der Kuhstall und die Käserei. Die Morgenmilch ist bereits gemolken, die Kühe stehen im Stall und frühstücken. Es gibt Heu, und es duftet herrlich. Das Heu kommt vom Hof und ist ungespritzt, wie alles andere, was die Wiederkäuer zu fressen bekommen – das ist eine der Vorgaben, die der Demeterverband macht.

Die Milch wird die wenigen Meter zur Käserei gefahren. Früher, in den Anfangsjahren der Käserei, Ende der 1970er Jahre, lag diese noch direkt zwischen dem Kuh- und dem Schweinestall. Seit Anfang der 1990er Jahre, als eine neue, striktere Hygieneverordnung in Kraft getreten ist, musste die Käserei aus dem direkten Umfeld der Tiere entfernt werden. Es wurde neu gebaut, am anderen Ende des Hofes, und seit 1998 wird die Milch nun in der neuen Käserei entsprechend höchster Hygieneansprüche veredelt. Etwa 400.000 Liter sind es pro Jahr, die in der Käserei größtenteils zu Käse verarbeitet werden. Rund 80.000 Liter werden als Milch vermarktet.

Aber der Rest wird in der Käserei bearbeitet – die Milch wird erwärmt, mit Kulturen und Lab versetzt, „dickgelegt", und in entsprechende Formen gefüllt – und reift dann im tiefen Gewölbekeller unter der Käserei seiner eigentlichen Bestimmung entgegen: als einer der köstlichen Dottenfelderhof-Käse im hofeigenen Käsereilädchen oder auf einem der umliegenden Märkte vermarktet zu werden.

Die Nachfrage wächst, die Käse erhalten Auszeichnungen, besonders die aromatischen, geschmacklich kräftigen Käse finden immer mehr Liebhaber. Aber wie entsteht der Käse eigentlich, und wie entwickelt sich das Aroma? Die Frage richtet sich an Siegfried Baßner, den Leiter der Bio-Käserei. Antwort: „Der Käse entsteht im Reiferaum." Geht man in die kleinen, wichtigen Details der Käseproduktion, ergeben sich natürlich weitere Unterschiede, etwa die Anwendung des Salzbades, die Größe des Käselaibes und anderes, aber mit etwas Distanz betrachtet trifft das schon zu.

Zwei Rohkäse, aus der gleichen Masse entstanden, aber in Reiferäumen mit unterschiedlichen klimatischen Bedingungen unterschiedlich behandelt, ergeben vollkommen verschiedene Käse.

„Der Rohkäse besteht immer aus Milch, Kultur und Lab. Mehr ist nicht drin", sagt Baßner. „Dann kommt es darauf an, wie ich den Käse behandele: Wie hoch ist die Temperatur, wie hoch die Luftfeuchtigkeit, wie behandele ich die Oberfläche?" Die Beantwortung dieser und anderer Fragen bestimmen das Ergebnis. „Wir stellen unter anderem Camembert und Rotschmierekäse her. Einen Teil des für den Camembert bestimmten Käsebruches füllen wir in etwas kleinere Formen ab. Der hat auch Camembert-Schimmel als Kultur. Der größte Teil der Kultur kommt dann in einen Reiferaum mit 85% Luftfeuchtigkeit und 17° Celsius, liegt auf Edelstahlrosten und wird täglich in den Rosten gewendet.

Dann wächst der Schimmel und keimt aus. So entstehen in dieser Umgebung die Aromen, die man bei einem Camembert als typisch empfindet. Wenn ich den gleichen Rohkäse in einen anderen Reiferaum bei 15° Celsius und einer Luftfeuchtigkeit von 95% auf Brettern lagere, täglich herunternehme und ihn mit Salzwasser schmiere, dann zerstöre ich damit den Camembert-Schimmel auf der Oberfläche.

Dottenfelderhof

So entwickelt sich innerhalb zweier, dreier Wochen die Rotschmiere und mit ihr ganz andere Aromen – bei dem gleichen Rohkäse." Es geht also um die Kommunikation zwischen Oberfläche und Käse.

So lagern in den unterschiedlichen Reiferäumen im Keller die Käselaibe ihrer Genussreife entgegen. Der rahmige Schnittkäse etwa, für den die Milch gerade im Kessel in der Käserei erwärmt und mit Lab versetzt wird, wird anschließend sechs Wochen lang im Keller lagern, die festeren Bergkäse lagern zwischen sechs und zehn Monaten, der würzige, intensiv-aromatische parmesanartige „Parmino" kann schon wesentlich länger reifen. Jünger als anderthalb Jahre sollte er nicht sein, aber auch nach drei Jahren im Reiferaum ist er immer noch ein Genuss. Jeder Reifegrad bietet einen besonderen Reiz. Zwanzig eigene Käse hat die Dottenfelderhof-Käserei im Sortiment, es wird ergänzt durch zahlreiche Käse anderer Hersteller, etwa aus Deutschland, Frankreich und der Schweiz. Ausschließlich in Bioqualität, selbstverständlich.

L'Abbate Käsefabrik

Käserei

16 Biebererstraße 23 | 63065 Offenbach am Main
069/887761 | www.labatte.de

Öffnungszeiten
Montag bis Freitag 9 – 13 Uhr und 14 – 17 Uhr
Samstag 9 – 14 Uhr

„Essen ist Philosophie", sagt Andrea L'Abbate. „Wenn du etwas isst, auch wenn es nur ein Apfel ist, muss es gut sein. Es geht um Frische, Geschmack und Qualität. Auch die Herkunft ist ganz wichtig. Aber ganz besonders wichtig ist die Frische! Natürlich auch bei der Käseherstellung. Bei uns wird morgens die Milch geliefert, und am Mittag habe ich die frische Mozzarella auf dem Tisch. Das gibt mir ein gutes Gefühl." Und es schmeckt! Wer Mozzarella nur als geschmacklose Gummikugel aus dem Supermarktregal kennt, weiß nicht, wie gut frische Mozzarella schmecken kann. Hier, in der Offenbacher Fabbrica Latticini L'Abbate, gibt es Mozzarella und Ricotta tagesfrisch – und so sollten sie auch genossen werden.

„Wir stellen diese Käse täglich her", sagt Vito Giuseppe L'Abbate. „Am nächsten Tag sind die schon verkauft und aufgegessen. Wir verkaufen die Käse, wenn sie eine halbe Stunde alt sind." Für die Herstellung ihrer Käse verwenden die L'Abbates ausschließlich Biomilch aus dem Odenwald. Die wird früh am Morgen von der Nieder-Ramstädter Diakonie geliefert. Die Milch wird erhitzt und mit Lab versetzt, Käsebruch und Molke trennen sich voneinander. Aus dem Bruch wird die Mozzarella hergestellt, aus der Molke die Ricotta: Er wird noch einmal erhitzt, die Ricotta flockt aus und wird abgeschöpft. Lässt man sie eine kleine Weile stehen, kühlt sie etwas ab und festigt sich: Wer dann ein Stück Baguette bei sich hat, kann sich über einen wirklich köstlichen Imbiss freuen.

So frisch, wenn die Ricotta noch etwas lockerer ist und noch warm, eignet sie sich ganz wunderbar für süße Zubereitungen: Mit Konfitüre, Honig oder einfach mit Zucker ergeben sich köstliche Kombinationen. Später dann, im kalten Zustand, eignet sie sich für herzhafte, salzige Zubereitungen. Bei der Füllung frischer Pastagerichte findet sie oft Verwendung, und auch in gebackener Form – mit getrockneten Kräutern bestreut und im heißen Ofen gebräunt – ist sie eine wirkliche Delikatesse.

Für die Mozzarella wird der Käsebruch mit etwa 85 °C heißem Wasser gemischt, wodurch er eine geschmeidige Konsistenz bekommt. Und das ist auch wichtig, denn die Käsemasse bekommt nun durch stetes Rühren und Kneten ihre Elastizität und Formbarkeit. Anschließend wird die Masse in Formen gedrückt, in denen sie die bekannte kugelförmige Gestalt erhält, dann landen die Kugeln in einem Wasserbad und werden anschließend verpackt.

Die Arbeit, die Käsemasse geschmeidig zu machen, übernehmen heute übrigens Maschinen. Früher wurde das von Hand erledigt – bei Wassertemperaturen über 80 °C nicht angenehm. Aber auch, wenn heute Maschinen einen Teil der Arbeit erleichtern: „Die Arbeit beruht auf ganz viel Erfahrung", sagt Vito Giuseppe L'Abbate. „Das Wichtige an der Arbeit sind nicht die Maschinen. Die Maschine hilft, aber der große Rest ist viel Handwerk und Handarbeit." Wann nämlich beispielsweise die Käsemasse die richtige Konsistenz für die Weiterverarbeitung hat,

verrät dem Käser keine Maschine. Das sagt ihm nur das Fingerspitzengefühl.

Die Kunden des kleinen Familienbetriebes, die den kleinen, in einem Offenbacher Hinterhof gut versteckten Käsereiladen besuchen, wissen, dass die Mittagszeit die reizvollste Zeit für einen Einkauf ist: Wer wirklich frische Ware sucht, findet sie hier. Mozzarella von herrlich würziger Frische und unwiderstehlicher, zarter Konsistenz. Mit eigenschaftsloser Discountware hat dieser Käse rein gar nichts zu tun. Und man findet nicht nur die beiden genannten Käse, auch andere Spezia-

litäten, etwa den hausgemachten Mozzarella-Verwandten Scamorza (ein abgehangener, trockener und festerer Mozzarella, entweder geräuchert, geräuchert und getrüffelt oder natur – allesamt köstlich) und Burrata (hauchdünn ausgerollte Mozzarella, mit Schmand und kleinen Mozzarellawürfeln bestrichen und zu kleinen Säckchen zusammengebunden), eine apulische Spezialität, die seit letztem Sommer nicht nur Schickimicki-Deutschland begeistert, findet man auf dem Verkaufstisch und viele, viele andere Köstlichkeiten Italiens, die das Sortiment komplettieren.

Molkerei Hüttenthal

Odenwälder Milch- und Käsespezialitäten

17 Molkereiweg 1 | 64756 Mossautal
06062/2665-0 | www.molkerei-huettenthal.de

Molkereilädchen
Montag bis Freitag 8 – 17 Uhr, Samstag 8 – 13 Uhr

Wochenmärkte
Donnerstag und Samstag
Erzeugermarkt Konstablerwache, Frankfurt, Tante Muh's Milchbar
Eine umfangreiche Marktbeschickerliste findet man im Internet.

Britta Kohlhage, studierte Betriebswirtschaftlerin mit Faible für die Bereiche Marketing und Finanzierung, und ihr Mann Kurt, der das Molkerei-Handwerk von der Pike auf gelernt hat, sind vor rund 20 Jahren das Wagnis eingegangen, einen darbenden Molkereibetrieb zu modernisieren. Heute ist die Molkerei ein Vorzeigebetrieb. Der Schichtkäse, die Butter und andere Köstlichkeiten waren schon immer beliebt, Qualität und Geschmack der Produkte aus dem Familienunternehmen haben seit über hundert Jahren einen Namen. Das nutzten die Kohlhages.

Sie erweiterten ihren Vertriebsradius, durch Mund-zu-Mund-Propaganda und unermüdlichen Einsatz wurden immer mehr Verkaufsstellen und neue Kunden gewonnen. Der langsam, aber stetig sich entwickelnde Trend hin zu regionalen Produkten beflügelte die Bemühungen. Um der Entwicklung in den Betrieben, von denen die Molkerei Hüttenthal ihre Milch geliefert bekommt, die Kühe mehr und mehr in Ställen und nicht mehr auf der

Weide zu halten entgegenzutreten und um die hohe Qualität der Milch weiterhin gewährleisten zu können, dachten sich Britta und Kurt Kohlhage etwas Besonderes aus: den Weidepfennig. Die Milchlieferanten bekommen mehr als den üblichen Preis für ihre Milch, wenn sie die Kühe auf der Weide halten. Die Tiere stehen so nur während einiger Wochen in der kältesten Zeit des Jahres im Stall. „Wenn eine Kuh auf der Weide steht und sich von Grünfutter ernährt, hat die Milch nun mal eine ganz andere Qualität", erklärt Britta Kohlhage. „Im Frühjahr merken wir das immer besonders bei der Butter, wenn die wieder richtig goldgelb ist und ganz streichfähig. Das passiert ganz von alleine, wenn die Kühe Gras fressen und sich wieder an der frischen Luft bewegen." Frisches Gras, Klee, wilde Blümchen und Kräutlein – ideal für eine inhaltsstoffreiche Milch.

Die Milch für die Hüttenthaler Produktion kommt von 21 Höfen im Odenwald, der weiteste, ein Lieferant von Ziegenmilch für den köstlichen „Zickli"-Käse, ist 25 Kilometer entfernt. Wenn man sich ansieht, welche irrsinnigen Distanzen Milch heute mitunter kreuz und quer durch Europa zurücklegen muss, um verarbeitet und vermarktet zu werden, ist das ein ganz wunderbarer Zustand. Aus der Region, für die Region. Wenn die Milch in der Molkerei ankommt, wird sie zuerst pasteurisiert; das sekundenkurze Erhitzen auf 72° Celsius tötet eventuell vorhandene krank machende Keime in der Milch ab. Danach wird die Milch veredelt. Der Rahm dient der Herstellung der Hüttenthaler Butter. Im Rahmreifer wird der Rahm mit Milchsäurebakterien versehen, dort entsteht während eines Tages das wunderbare Aroma leicht gesäuerten Rahms. Dann wird der Rahm in einer Trommel geschleudert, die festen Bestandteile klumpen zusammen und werden vom flüssigen Bestandteil, der Buttermilch, getrennt. Diese nur leicht säuerliche Köstlichkeit wird separat vermarktet. Die frische Butter dann gleich auf eine Scheibe saftigen Sauerteigbrotes mit knuspriger Kruste gestrichen, vielleicht noch etwas Kresse oder einige Salzkristalle: Das ist ein einfacher, aber herrlicher Genuss.

Die entrahmte Milch – Magermilch – wird in der Käserei verarbeitet. Dort entstehen neben Schichtkäse und Quark beispielsweise der „Odenwälder Frühstückskäse" (die herzhafte Hüttenthaler Handkäse-Variante mit geschützter Ursprungsbezeichnung), der „Hüttenthaler", der „Rodensteiner" und der „Vesperkäse", etwas milder, aber auch von unwiderstehlich cremiger Würze – wunderbare Rotschmierekäse mit Odenwälder Tradition. Auf die Weichkäse mit Rotkultur ist das Haus spezialisert. Nach der Produktion reifen sie zwei Wochen bei 15 bis 16° Celsius und hoher Luftfeuchtigkeit im Reiferaum, die tägliche Behandlung mit Salzlösung trägt zusätzlich zur Entwicklung bei.

In der Molkerei Hüttenthal ist vieles so, wie es ist, weil man nicht jeden vermeintlichen Fortschritt mitgemacht hat. „Auch aufgrund einer wirtschaftlichen Nichtmachbarkeit haben wir manches nicht machen können – was sich im Nachhinein als gar nicht so schlecht erwiesen hat", sagt Britta Kohlhage. „So haben wir die traditionellen, authentischen Produkte, die eben den Unterschied machen."

Aus der Backstube

Bäckerei Kronberger

Bäckerei und Konditorei

18 **Vogelsbergstraße 19 | 60316 Frankfurt am Main**
069/431585

Öffnungszeiten
Montag bis Freitag 6.30 – 18.30 Uhr
Samstag 6 – 13 Uhr

„Ich glaube, dass sich die wenigsten Leute eine Vorstellung davon machen, was alles dazugehört, ein richtig gutes Brot zu machen", sagt Christian Sievers, Backstubenleiter der Bäckerei Kronberger. „Aber wenn man nicht wirklich genau weiß, was zu tun ist, kann man ziemlich viel falsch machen." Das Handwerk des Bäckers als verkannte Kunst? Gut vorstellbar, dass der Mann recht hat – denn warum sonst gäbe es die unzähligen Billigstbäcker und Backshops mit Aufbackautomaten, in denen industriell hergestellte, qualitätsfreie Fabrikbrötchen an den Kunden gebracht werden?

Mit dergleichen hat die kleine Bäckerei im Frankfurter Norden glücklicherweise nichts gemein, hier wird das Handwerk gepflegt, und das schmeckt man auch – etwa beim Biss in eines der herrlichen Brote, die hier gebacken werden: zum Beispiel das ebenso wunderschöne wie köstliche Roggenmischbrot aus 70 % Weizen und 30 % Roggen, das Holzlukenbrot oder das Karottenbrot, dessen Teig mit Karottenstückchen, Quark und Mandeln verfeinert wurde, und das, gerade aus dem Ofen geholt, einen so unwiderstehlichen Duft verströmt. Die Arbeiten in einer

handwerklich ausgerichteten Backstube haben sehr viel mit Fingerspitzengefühl und genauer Kenntnis zu tun. Das Mehl hat mal einen höheren, mal einen niedrigeren Feuchtigkeitsgehalt, wurde mal länger, mal kürzer gelagert und braucht so mal mehr, mal weniger Wasser. Auch Temperatur und Luftfeuchtigkeit schwanken – bei derart wechselhaften Bedingungen braucht es den erfahrenen Bäcker, der trotz allem jeden Tag für eine einheitliche Qualität sorgen kann.

Die Brotauswahl ist groß, etwa zwanzig Sorten sind es, die bei Kronbergers jeden Tag gebacken werden. Dazu kommen dann noch die verschiedenen Brötchen, Kuchen und das, was viele für das Aushängeschild des Betriebes halten: das Baguette. Und wirklich, dieses Brot ist ganz besonders knusprig, die Krume ist duftig und leicht, das Brot hat einen wunderbaren Geschmack und ist schon für sich eine Leckerei. Für Andrea Kronberger, Bäckereichefin in der dritten Generation, ist eines besonders wichtig für das Gelingen der Baguettes: die Teigruhe. Morgens um

vier Uhr, wenn die Arbeiten in der Backstube beginnen, ist der Baguetteteig der erste, der angesetzt wird. Gebacken werden die Weißbrote dann allerdings erst kurz vor Mittag. So haben die Aromen ausreichend Zeit, sich zu entwickeln. Ansonsten kommt es natürlich auf die säuberlich aufeinander abgestimmte Zutatenliste an: ausgesuchtes Mehl, Natursauerteig, Hefe und Salz – das war´s.

Andrea Kronberger ist die Frau für die Konditoreiwaren in der Bäckerei. „Damit, den elterlichen Betrieb zu übernehmen, habe ich mir einen Traum erfüllt", sagt sie. „Eigentlich habe ich nie etwas anderes machen wollen, als hier zu arbeiten." Mit ihren Torten hat Andrea Kronberger erfolgreich eine Nische besetzt. Nicht nur für Familienfeste aller Art sind ihre Kreationen gefragt. Und weil sie es mit der Qualität ihrer süßen Backwerke besonders genau nimmt, sind die Kapazitäten in diesem Bereich begrenzt: „Denn bevor die Qualität leidet, weil zu viele Aufträge abgearbeitet werden müssen, lehne ich lieber ein paar Anfragen ab."

600g
Kasten-
roggen
100%
750g

Zeit für Brot

Bio-Bäckerei

19 Oeder Weg 15 | 60318 Frankfurt am Main
069/56998150 | www.zeitfuerbrot.com

Öffnungszeiten
Montag bis Freitag 7 – 20 Uhr,
Samstag und Sonntag 8 – 19 Uhr

Eigentlich hat es an Bäckereien keinen Mangel in Frankfurt, schon gar nicht an so belebten Straßen wie dem Oeder Weg. Und trotzdem hat sich Bäcker Björn Schwind genau diese Straße für die Gründung seiner kleinen Bäckerei ausgesucht. „Zeit für Brot" – der Name ist Programm. Was hier verkauft wird, wurde mit viel Zeit hergestellt, auf handwerkliche Art und nur mit besten Zutaten – allesamt in Bioqualität. Die meisten Teige werden von Hand geknetet und gehen langsam und über Stunden, bevor sie im Hightech-Backofen vollendet werden. Durch die lange Gärzeit bekommen die Brote nicht nur Volumen, sie bekommen auch Aroma. Zeit ist nicht nur Geld, Zeit ist auch Geschmack. Die Arbeit an den Broten beginnt bereits einen Tag, bevor die Brote gebacken werden; der Vorteig wird hergestellt. Bei dem Roggen-Vollkornbrot des Hauses wird dafür Roggen grob geschrotet, ein Sauerteig wird mit Starterkulturen angesetzt, es bilden sich natürliche Milchsäure, Essigsäure und Hefen und die beginnen ihr Werk.

Am nächsten Tag, dem Backtag, wird parallel aus den übrigen Zutaten – Saaten, Dinkelmehl und noch mehr Roggen – ein Quellstück angesetzt.

Zeit für Brot

Nachdem auch dieses mit sehr viel Wasser drei, besser vier Stunden gegangen ist, werden beide Elemente zusammengeführt und – dieser Teig ist eine der Ausnahmen – maschinell geknetet. Danach ruht der Teig erneut, wird in Saaten gewendet und gebacken. Nach etwa drei Stunden ist das Brot dann ausgekühlt. Durch die lange Gehzeit und die viele Flüssigkeit ist dieses köstliche Brot von einer herrlichen Saftigkeit; man kann es zu Hause ohne Probleme während einiger Tage essen, ohne dass es austrocknet.

Als Kerngeschäft seiner Bäckerei nennt Björn Schwind außer den Broten auch Brötchen und Kuchen; Torten und andere Konditorwaren sind seine Sachen nicht, deswegen bietet er sie auch nicht an. Und bei den Kuchen setzt er erfolgreich auf das, was ihn als Kind geprägt hat: „Hausfrauenkuchen", sagt Schwind. „Rührkuchen finde ich super. Ich liebe das Arbeiten

mit einem schönen Teig. Mit einem plastischen, hellen Teig, gern auch sehr weich, der über den Tisch läuft. Wenn ich weiß, dass ich beim Arbeiten meine Hände niemals werde sauber halten können, dann weiß ich auch, dass der Teig richtig gut ist." Die weichen Teige sind für Björn Schwind die Bedingung für ein richtig gutes Brot, einen wirklich guten Kuchen.

„Unser großer Vorteil gegenüber der Industrie, wo man mit festen, maschinengängigen Teigen arbeitet, sind die weichen Teige", sagt er. „Da wir gar keine solchen Maschinen haben, können wir Sachen machen, die in der Industrie nie funktionieren würden. Gerade bei unseren weichen Brötchenteigen ist das ein Vorteil: Wenn man einen Brötchenteig in einer industriellen Brötchenanlage so weich machen würde wie wir das machen, würde die Maschine verkleben und hinten würden keine 8.000 Brötchen

pro Stunde rauskommen, sondern kein einziges." Das klingt nach einem Bezug auf die gute, alte Backtradition. Aber da interveniert der Bäcker: „Ich weiß gar nicht, ob es diese Tradition in Deutschland überhaupt gibt. Was ist hier denn Backhandwerk? In der Nachkriegszeit war für Backwaren eine der schlimmsten Zeiten, die es gab. Die haben schlicht vergessen, dass man Sauerteige machen sollte. Die haben künstliche Teigsäuerungsmittel drangegeben. In den 1950er, 60er und 70er Jahren kann man nun nicht sagen, dass wir eine große Backtradition gehabt haben. Da war es ganz modern, Teige sehr schnell gehen zu lassen. Von Teigherstellung bis zum Backen: drei Stunden. Da kann nichts Gutes herauskomen. Früher, vor dem Krieg, um 1900 und früher, da waren in Deutschland bessere Zeiten für Backhandwerk. Da gab es in den Dörfern auch noch Backhäuser. Die Brote, die da gemacht wurden, hatten sicher schwankende Qualität, aber sie waren natürlich und waren nah am Menschen."

Wenn also ein Bezug zur Tradition, dann gleich mit Riesenschritten in die Vergangenheit. Doch Schwind ist kein Nostalgiker. Worum es ihm geht, ist die Verbindung handwerklicher Rezepte mit kurzen Zutaten-

listen mit dem Wissen, das man heute hat: „Temperaturführung, das richtige Mehl, modernster Ofen, der dennoch einen Steinboden hat. Diese Kombination macht es für mich aus. Die Kombination von simplen Rezepten mit dem Wissen und der Technik von heute. Der Ofen kann alles: So können wir zum Beispiel Temperaturverläufe programmieren. Im Baguettebereich sind uns manche Franzosen ein Vorbild: die Vorteige, die die schon lange für die Baguettebereitung machen, das ist was Tolles. Das gibt es hier noch nicht so lange, und daran orientieren wir uns."

Der Hingucker in der Backstube: Die Kunden können den Bäckern bei ihrer Arbeit zusehen. Im hinteren Teil befindet sich die Backstube, durch Glasscheiben vom Kunden getrennt. Die gläserne Bäckerei: Damit hat sich Björn Schwind einen Traum erfüllt: „Die Kunden sehen jederzeit, was wir gerade herstellen – und wie wir es herstellen. Sie können dabei zusehen, wie ihr Lieblingsstück entsteht, und wir können ihnen aus der Backstube dabei zusehen, wie sie es sich schmecken lassen."

150
150
300
150
250
350
150
150
300
300
150
300
600
150
500
300
500

Leckereien

Konditorei Jamin

Konditorei und Confiserie

20 Schweizer Straße 54a | 60594 Frankfurt am Main
069/615619 | www.jamin-frankfurtde

Öffnungszeiten
Montag bis Freitag 10 – 18 Uhr
Samstag 9.30 – 15 Uhr

Seit 1907 versorgt die Konditorei Jamin die Sachsenhäuser mit Torten, Törtchen, Pralinen, Kuchen und anderen Leckereien. Seit diesen mehr als einhundert Jahren gibt es generationenweise Sachsenhäuser, die irgendwann einmal eine der Jamin'schen Köstlichkeiten probiert haben und seitdem nicht mehr davon losgekommen sind.

In der Auslage präsentiert sich eine süße Verführung neben der anderen: Torten mit herrlichen Cremes und schmelzenden Bisquits, der berühmte, hier wirklich besonders gute Frankfurter Kranz, die Brioches, Hefezöpfe, eine wunderbare Pralinenauswahl und vieles mehr lassen alle Diätpläne nichtig erscheinen: lieber ein paar Gramm mehr auf den Hüften, als sich das verkneifen! Die Schwestern Nicole und Cathérine Jamin teilen sich heute die Leitung der Konditorei, die der Urgroßvater einst gegründet hatte; die eine ist studierte Betriebswirtin, die andere Konditormeisterin.

Wir dürfen die Backstube im Keller tief unter der Schweizer Straße besuchen. Ein verlockender Duft umfängt uns: Hier werden gerade Zitro-

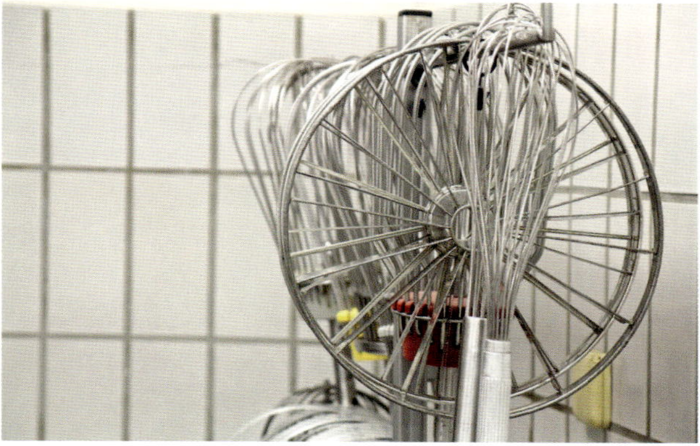

nen gezestet, die Zesten werden mit dem Saft der Zitronen, mit Butter, Ei und Zucker vermischt, erhitzt und gerührt: eine frische Verfeinerung für Mürbteigböden oder -tartelettes. Das Sortiment der kleinen Konditorei ist trotz immer neuer Trends ein ziemlich klassisches. Schokolade mit Pfeffer, Schokolode mit Chili – das seien vorübergehende Erscheinungen, sagt Cathérine Jamin. „All die exotischen Dinge, über die man mal spricht und die man als Tellerdessert im Restaurant bekommt; als Highlight ist das schön und gut. Aber für jeden Tag? Doch eher nicht. Auch die Kunden sehen das ähnlich. Da sind es beim Wiederkauf dann doch eher die Champagnertrüffel, Vollmilchnuss, der Hefezopf, die klassischen Kuchen ... ich finde das eigentlich auch ganz nachvollziehbar." Ihre Schwester Nicole sekundiert schmunzelnd: „Die Frösche, die Kartoffeln, Sarah-Bernhardt-Törtchen – wenn wir diese Sachen aus dem Sortiment nehmen würden, würde die Kundschaft wahrscheinlich einen Aufstand proben." Die Ausrichtung des Sortiments bleibt also auch bis auf Weiteres traditionell.

Konditorei Jamin

Ein Trend allerdings, der sich seit seinem Erscheinen vor ein paar Jahren in der Konditorei gehalten hat, sei die Kombination von Schokolade und Salz. „Ich habe mich da sehr hineingearbeitet", sagt Cathérine Jamin. „Ich bin ziemlich ins kalte Wasser gesprungen, ich wusste ja nicht, wie das Arbeiten mit Schokolade und Salz ist. Wie verhält sich das Salz? Es gab niemanden, der mir geraten hätte. Als wir damit angefangen haben, waren wir für den hiesigen Markt zu früh. Dann kam es zwar holterdipolter. Aber mit einem so geringen Salzanteil, dass ich mir dachte, das kann es eigentlich auch nicht sein. Das ist ein spannendes Thema, an dem wir nach wie vor dran sind."

Großes Konditorenhandwerk gelingt nur mit allerbesten Rohstoffen. Viele der Zutaten werden in Frankreich eingekauft. Bestimmte, sehr

hochwertige Produkte wie Schokolade, Mandelzubereitungen, Trockenfrüchte, Marzipan oder Ingwer gäbe es in der gewünschten Qualität eben nur dort. „Der Fachhandel in Frankreich ist besser sortiert, das liegt natürlich auch an den vielen Betrieben unseres Metiers. Hier gibt es ja nur noch wenige Betriebe, die so arbeiten wie wir", erzählt die Konditormeisterin.

Zum Abschluss sind wir eingeladen, uns ein Backwerk aus der Auslage auszuwählen. Auch wir entscheiden uns ausgesprochen klassisch und zudem bescheiden – für Hefegebäck. Was für ein Genuss! Es ist locker und duftig, hat ein leichtes Vanille-Aroma, den Zitronenabrieb schmeckt man deutlich heraus: Hier zeigt sich Konditorenkunst im Kleinen.

HOBOS

Stadtimkerei finger

21 Hohenstaufenstraße 8 | 60327 Frankfurt am Main
0171/7764969 | mail@fingerweb.org | www.fingerweb.org

Besuch der Stadtimkerei nach vorheriger Terminvereinbarung
Öffnungszeiten: Museum für Moderne Kunst
Dienstag bis Sonntag 10 - 18 Uhr, Mittwoch 10 - 20 Uhr

Eigentlich verbindet man die Imkerei mit einem ländlichen Idyll. Stellt man sich einen Imker vor, entsteht vor dem geistigen Auge das Bild eines Mannes, den Schleier vor dem Gesicht, die Pfeife im Mund, bedächtig am Bienenstock hantierend. Traditionelle Landwirtschaft, in Vielfalt üppig blühende Blumenwiesen und vor allem Stadtferne stellen den natürlichen Hintergrund dieses Bildes dar. Fast ein bisschen spießig, die Imkerei, ein Anachronismus, nichts für junge Leute. Gerade die Hobby- oder Nebenerwerbsimkerei: eine Leidenschaft für Herren im gesetzten Alter.

So oder so ähnlich denken wahrscheinlich nicht wenige. Aber der Imagewandel, der sich seit ein paar Jahren in deutschen Städten vollzieht, ist beachtlich. Die Imkerei ist im urbanen Milieu angekommen. Zwar hat Frankfurt eine recht traditionsreiche Imkervergangenheit. Über 100 Jahre sind es, in denen Frankfurter Bienenfreunde Honig in Siedlungsnähe erzeugen und vermarkten. Der Bienengarten im Wasserpark ist heute noch Zentrum und Treffpunkt für Bieneninteressierte, der Frank-

Stadtimkerei finger

furter Imkerverein hält dort regelmäßig Veranstaltungen ab – eine gute Anlaufstelle für den Interessierten. Etwa 100 Nebenerwerbsimker gibt es heute in Frankfurt. Aber wirklich interessiert hat das bislang eher nur die Eingeweihten. Ein weiteres neues Zentrum imkerlicher Kultur befindet sich im Museum für Moderne Kunst im Frankfurter Stadtzentrum.

Als wir die Stadtimkerei auf dem Dach des MMK besuchen, leben dort zehn Bienenvölker. Das sind rund 60.000 Bienen, „etwa so viel wie Frankfurt Einwohner hat", sagt Andreas Wolf, der gemeinsam mit Florian Haas die Frankfurter Stadtimkerei betreibt. Nach Standorten auf dem Dach der Weißfrauen-Diakoniekirche im Bahnhofsviertel und am Niederräder Ufer ist die „Stadtimkerei finger" dort angekommen. Seitdem ist der Bestand nicht betroffen vom weltweiten Bienensterben, ein Beleg für die Sorgfalt der beiden Imker.

Seit vier Jahren dient das Museum gleichsam als Sockel für imkerliches Treiben. Der Ort ist keineswegs zufällig gewählt. Andreas Wolf und Florian Haas sind Künstler von Beruf, ihr bevorzugter Werkstoff ist sozusagen die Biene. „Seit 2007 sind unsere Projekte ganz eng mit den Bienen verbunden. So wie andere Künstler sich als Zeichner, Maler oder Bildhauer spezialisieren, spezialisieren wir uns mit den Bienen", sagt Andreas Wolf.

Hier auf die konkreten Formen dieser künstlerischen Arbeiten einzugehen, hieße den Rahmen sprengen. Deswegen sollen einige Worte des Künstlers/Imkers Wolf genügen: „Imker haben seit dem Mittelalter immer schon ihre Bienen in Bienenstöcken angesiedelt, die sie gestaltet haben. Das waren oft Bannmasken, die andere erschrecken sollten, damit sie da nicht rangehen. Aber diese Masken waren auch immer Aus-

druck imkerlichen Selbstverständnisses und imkerlicher Kultur. Und wir aktualisieren das letztlich. Wir siedeln Bienen auch in bestimmten Settings an, in einem Bild oder einer Skulptur. Darüber hinaus interessiert es uns, Strukturen abzubilden, etwa Internationalisierungsprozesse am Beispiel des Handels mit Bienen." Seitdem die Imkerei auf diese Weise Teil urbanen und künstlerischen Selbstverständnisses geworden ist, wird sie auch in den Medien regelmäßig berücksichtigt.

Zurück zur Stadtimkerei. Es mutet auf den ersten Blick wie ein Paradoxon an, ausgerechnet in der Innenstadt eine Imkerei zu betreiben. Ist das naturferne Terrain denn geeignet für Bienen? „Den Bienen bietet sich hier tatsächlich ein reichhaltiges Angebot", erklärt Andreas Wolf. „Es gibt Parks, Anlagen und Alleen. Auch Friedhöfe sind perfekte Trachtquellen. Auf dem Land gibt es auch mal eine massenweise Blüte, kaum

ist die aber durch, gibt es nichts weiter, was die Bienen finden könnten. Es gibt ja auch kaum Feldrandstreifenbepflanzung mehr. In der Stadt ist dagegen immer irgendetwas am Blühen." Es gab also von Beginn an eine reichhaltige Ernte.

Der Honig der Stadtimkerei, ein Mischhonig, für den die Bienen Nektar im Umkreis von etwa zwei oder drei Kilometern zusammentragen, ist übrigens sehr aromatisch. Sein intensiver Geschmack erinnert deutlich an Holunder- und Lindenblüten. Nicht nur auf unserem Frühstücksbrötchen, auch in Honigverkostungen macht er einen sehr guten Eindruck. „Dieser Honig ist immer der vielfältigste, aromatischste. Der hat einfach einen ganz besonderen Geschmack", sagt Andreas Wolf. Kaufen kann man ihn unter anderem an der Kasse des Museums für Moderne Kunst.

KORNMAYERs
DER ALTE FRANKFURTER SENF
Das Beste, was einem Frankfurter Würstchen passieren kann!
~ mittelscharfer Senf mit Zwiebelstückchen ~
seit 1999
e300 ml

Kornmayers

Senfmanufaktur

22 **Behringstraße 1-3 | 63303 Dreieich**
06074/4834170 | www.kornmayers.de

Vertrieb über viele Frankfurter Einzelhandelsgeschäfte – zu finden auf www.kornmayers.de

Hauptberuflich ist Evert Kornmayer Inhaber eines Verlages in Dreieich. Da er sich hierbei auch häufig mit kulinarischen Themen auseinandersetzt, ist es vielleicht kein Zufall, dass sich aus dieser Tätigkeit mittlerweile eine nicht unerhebliche Nebenbeschäftigung entwickelt hat. Im Jahre 1999 beschloss er den selbst gemachten Senf mit Frankfurter Kräutern nicht nur als Geschenk zu verwenden, sondern ihn auch der breiteren Öffentlichkeit zugänglich zu machen. Der „Frankfurter Senf" mit den klassischen 7 Kräutern, vom Bauern aus Oberrad angebaut, verfeinert dann gehackt den Senf und gibt ihm einen typisch Frankfurter Geschmack. Nach ersten Erfolgen wurde die Experimentierfreude immer größer und so folgten im Laufe der Zeit weitere Kreationen. So zum Beispiel auch die Abwandlung als Wiesbadener Senf mit Estragon und Dill, welches aber einem gestandenen Frankfurter die Nackenhaare sträubt.

Ein Schlüssel zu Kornmayers Produktverständnis sind seine hohen Anforderungen an die Basisprodukte, die idealerweise aus der Region stammen. Mit einer schonenden und handwerklichen Verarbeitung zitiert er außerdem die Frankfurter Spezialitäten.

So besteht das Frankfurter Salz aus handwerklich hergestelltem Siedesalz und auch hier den sieben Frankfurter Kräutern. Diese werden auch im Frankfurter Öl verwendet, welches auf hessischem Rapsöl basiert. Der gleichen Logik folgt die Frankfurter Salatsauce, und wer jetzt glaubt, die Rezeptur der Frankfurter Currysauce zu erahnen, muss enttäuscht werden. Hier wird das Lokalkolorit nicht durch Kräuter, sondern durch Verfeinerung mit hessischen Äpfeln erreicht. Hessische Habanero Chilis und Apfelwein sind die Basis für die Frankfurter Hot Sauce No. 1, bei der ausdrücklich davor gewarnt wird, sie in Kinderhände kommen zu lassen.

Damit sich auch die Offenbächer bei all diesen ‚Frankfurter' Spezialitäten nicht vernachlässigt fühlen, immerhin liegt die Manufaktur im Kreis Offenbach, stellt Kornmayer mit der Offenbacher Currysauce einen kleinen Ausgleich her.

Richtig ausgefallen wird es dann bei Senfspezialtäten wie „Black Forest" mit Kirschen, Schokolade und Nuss-Nougat, „Samurai" mit Wasabi und Kräutern, oder auch „Erdbeersenf" mit Erdbeeren und Balsamico-Essig. Für Naschkatzen werden auch eine Bethmännchen-Honigcreme und eine Frankfurter Schokolade produziert.

Altes Gewürzamt

Ingo Holland

23 Hauptstraße 14 | 63911 Klingenberg
09372/134757 | www.ingo-holland.de

Öffnungszeiten
Montag bis Freitag 9 – 13 Uhr und 14 – 18.30 Uhr
Samstag 9 – 14 Uhr

Bereits als junger Koch war Ingo Holland fasziniert von der Welt der Gewürze. Auf einer seiner beruflichen Stationen, in Paris, entdeckte er Anfang der 90er Jahre einen kleinen Gewürzladen, der eine Fülle bis dahin ungekannter Gewürze feilbot, die ihn in Bann schlugen. Pfeffer aus Brasilien, Sternanis und Vanille – diese Gewürze waren auch damals schon in Deutschland bekannt. Aber Pfeffer aus Kamerun? Aus Vietnam? Langpfeffer, Kubebenpfeffer und Mischgewürze mit verheißungsvollen Namen, die in diesem Lädchen zum ersten Mal an das Ohr des angehenden Sternekochs drangen, ließen ihn nicht mehr los und waren der Grund dafür, dass Ingo Holland Stammgast wurde und die duftenden Schätze gleich tütenweise mit nach Hause nahm.

Erste Versuche, etwa Lamm und Jakobsmuscheln mit Longpepper zu würzen, waren erfolgreich und wurden ausgeweitet. Nicht nur der eigene Erfolg war Grund genug, auch die mittelmäßige Qualität der Mischgewürze, die der Markt zu der Zeit bereithielt, spielte eine Rolle: Garam Masala, Raz el Hanout, Curry: „Das hat alles gleich gerochen. Überall

Altes Gewürzamt

Kreuzkümmel, Kurkuma, bisschen Kardamom, bisschen Chili, das war es", sagt der Gewürzmüller. Es musste also eine Alternative her. Die erste Eigenproduktion war dann auch ein Raz el Hanout, das so gut geworden ist, dass der Gewürzhändler, von dem Holland zu der Zeit Raz el Hanout bezog, kurzerhand die Geschäftsbeziehung umdrehte und künftig das Raz el Hanout von Ingo Holland bezog: „Und gleich 100 Gläser! Das war für uns natürlich ein Hammer."

Später dann diente das eigene Restaurant „Zum alten Rentamt" dem Sternekoch Holland als Versuchsküche und Ideenschmiede. Heute hat er die Kocherei am Herd des eigenen Restaurants aufgegeben. Ingo Holland widmet sich voll und ganz der Entwicklung und Vermarktung seiner Gewürze. Wer die Produktionsstätte des „Alten Gewürzamtes" im nordbayrischen Klingenberg betritt, wird umfangen vom Duft der Gewürze der Welt. Die Düfte der gemahlenen, gerösteten und frischen Gewürze

vermischen sich zu einer wunderbaren, wilden Komposition, die einem im ersten Moment schier den Atem nehmen kann.

Ingo Holland ist versessen auf die allerbeste Qualität. An seine Händler, die in Deutschland und Frankreich sitzen, hat er die höchsten Ansprüche, nicht nur was die Qualität betrifft. Sondern er verlangt von seinen Händlern auch immer wieder, dass sie ihm „spezielle Sachen" von höchster Güte liefern. So bekommt er etwa Himbeerpulver, getrocknete Mandarinenschale, Orangenblüten, Macis, Hagebuttenschale und anderes mehr von höchster Güte, so wie er es für die Herstellung der Mischgewürze benötigt. Die Gewürze werden frisch an die Produktion des „Alten Gewürzamtes" geliefert. Gemeinsam mit seinen Mitarbeitern entwickelt Holland die Rezeptur, entscheidet, welches Gewürz wie weiterverarbeitet wird, ob es geröstet oder getrocknet wird, wie stark es gemahlen wird und welcher Anteil davon in das Mischgewürz hineinkommt. Es ist

Altes Gewürzamt

ein zeitaufwändiger, gründlicher Vorgang, in dessen Verlauf die Mischungen wieder und wieder optimiert werden – bis sie vollendet sind. Erst dann bekommen sie einen Namen und werden ins Sortiment aufgenommen.

Was dann in den hübschen, grünen Dosen des „Gewürzamtes" vermarktet wird, erfreut Spitzenköche ebenso wie ambitionierte Privatköche, die ihre Gerichte etwa mit einer Prise „Lion Poivré", „Vadouvan" oder „Code

Bellota" vollenden wollen. Etwas mehr als 80 Mischgewürze präsentieren sich dem Kunden im Verkaufsladen des „Gewürzamtes" – eine beeindruckende Menge. Und eine beeindruckende Vielfalt. Keines der Mischgewürze wiederholt sich, hier gibt es unzählige Abstufungen, Nuancen, feine Unterschiede. Und allesamt erbringen sie den Beweis der großen Handwerkskunst, der Phantasie und der feinen Nase des „Gewürzpapstes" Holland.

Weitere schmackhafte Adressen

24 Bauer Etzel

Hofladen im Bio-Bauernhof

Pfaffenwiesbacher Straße 6 | 61273 Wehrheim
06081/586615 | Bio-Fleischabteilung 06081/586617 | www.bauer-etzel.de

Öffnungszeiten
Montag bis Donnerstag 9 – 13 Uhr und 14 – 19 Uhr
Freitag 9 – 19 Uhr, Samstag 9 – 14 Uhr

Biologischer Landbau mit Tradition seit 1811: Hochwertige Bio-Lebensmittel in gewachsener Zusammenarbeit mit Mühle, Bäckerei und Metzgerei: kräftiges Roggen-Sauerteigbrot aus dem selbst angebauten Getreide, frische Bio-Milch, ein reichhaltiges Müsli-Sortiment, Fleisch von den NATURKORNHOF-Rindern und -Schweinen sowie daraus hergestellte Wurst und Schinkenspezialitäten.

25 Demeter Obsthof

Wallhausen 1 | 64342 Seeheim-Jugenheim
06257-506490 | www.demeter-hessen.de

Ab Hof erhalten Sie Obst sowie verschiedene Säfte und Cidre aus Streuobst.

26 Kubach Speisepilze

Erzeugermarkt Konstablerwache, Frankfurt
Höchster Markt
Wochenmarkt, Frankfurt-Sachsenhausen

Große Vielfalt an Speisepilzen aus dem eigenen Zuchtbetrieb.

27 Lebensgemeinschaft Bingenheim / Quellenhof

Schlossstraße 9 | 61209 Echzell-Bingenheim
06035/916292 (Landwirtschaft) | 06035/812940 (Gärtnerei)
www.lg-bingenheim.de

Öffnungszeiten
Montag bis Samstag 8.30 – 12.30 Uhr und 15 – 18 Uhr
(außer Mittwoch und Samstag nachmittags)

Der Demeter Hofladen bietet Milch, Käse und andere Milchprodukte aus Kuhmilch, Getreide, Kartoffeln, Gemüse und Obst, Brot und Backwaren, Fleisch und Wurst sowie ein Naturkost-Vollsortiment.

28 Quellenhof

Kirchgasse 9 | 61449 Steinbach/Ts.
06171-78458 | www.demeter-quellenhof.de

Öffnungszeiten
Montag bis Freitag 8 – 19 Uhr, Samstag 8 – 16.30 Uhr

Der Demeter Hofladen bietet eine große Auswahl an Gemüse aus eigenem Anbau, Getreide, Kartoffeln, Obst, Brot und Backwaren, Fleisch und Wurst sowie ein Naturkost-Vollsortiment.

29 Rosenschule Ruf

Zum Sauerbrunnen 35 | 61231 Bad Nauheim-Steinfurth
06032 - 81893 | www.rosenschule.de

Rosen aus Biolandbetrieb, Vielfältige Produkte rund um essbare Rosenblätter u.a. Rosensalz, Rosenmus, Rosenpfeffer, Rosenkaffee, Rosenlikör und Rosensirup.

Weitere schmackhafte Adressen

30 Spargel- und Erdbeerhof Hirsch

Oberach 2 | 65468 Trebur
06147/3167 | www.spargelhof-hirsch.de

Hofladen
Anfang April bis Ende Juni täglich geöffnet, auch an Sonn- und Feiertagen
8 – 12.30 Uhr, 13.30 – 19 Uhr

Bereits seit vier Generationen baut der Familienbetrieb Spargel an. So haben sie sich zu einem Spezialisten für die Kulturen Spargel und Erdbeeren entwickelt. Die Vermarktung erfolgt an Endverbraucher, Restaurants und Großverbraucher.

31 Terra Salvia

Bombastus Hof | 35781 Weilburg-Gaudernbach
06482/91660 oder 06484/1240 | www.terra-salvia.de

Seit nunmehr 18 Jahren wird zertifiziert ökologisch Salbei produziert, u.a. für Genusstee, sowie eine Naturkosmetikserie (deren Grundlage die wertvollen Blüten und Blattextrakte des Salbei bilden).

32 Flörsbacher Hof

Vockeweg 1 | 63639 Flörsbachtal-Flörsbach
06057/790 | www.floersbacher-hof.de

Hotel- und Restaurant-Betrieb mit Verkauf von Produkten aus der eigenen Herstellung: Wurst und Schinken aus Wildschwein und Lamm, Kompotte, Honig und Senfspezialitäten.

33 Frisch's Wildspezialitäten

Hintergasse 42 | 61239 Ober-Mörlen
06002/5189 | www.wildspezialitaeten-hessen.de

Hofladen
16 – 19 Uhr und nach telefonischer Absprache

Märkte
Hanau Marktplatz, Mittwoch 08 – 14Uhr
Konstablerwache Erzeugermarkt, Donnerstag 10 – 20 Uhr
Bad Nauheim, Aliceplatz, Freitag 8 – 13 Uhr
Rosbach, Adolf-Reichwein-Halle, Freitag 15 – 19 Uhr
Friedrichsdorf, Samstag 08 – 13 Uhr

Wildfleisch und Wurst von Reh-, Rot- und Schwarzwild aus heimischen Revieren. Überwiegend aus Taunus, Vogelsberg und der Wetterau. Die absolute Frische des Wildes wird garantiert und gewährleistet. Ein Teil des Wildes wird selbst erlegt, der andere Teil stammt aus den Revieren von Privat-Jägern sowie den angrenzenden Forstämtern. Außerhalb der Jagdzeit in Hessen wird Reh- und Rotwild, solange Vorrat vorhanden, auch tiefgefroren angeboten. Wildschwein ist das ganze Jahr über frisch zu erhalten. Alles Wild wird der amtsärztlichen Beschau zugeführt (Schwarzwild-Trichinenbeschau).

34 Herold – Schneckenzucht Odenwald

Schwimmbadstraße 9 | 64743 Hetzbach / Beerfelden
Brunnengasse 5 | 64743 Beerfelden/Odenwald
06068 / 940764 | www.schneckengarten.de

Ladengeschäft – Öffnungszeiten
Freitag 9 – 18 Uhr, Samstag 9 – 13 Uhr oder nach telefonischer Vereinbarung

Erste hessische Schneckenzucht: Artgerechte und ökologische Freilandzucht von Weinbergschnecken.

35 Hofgut Patershausen

63150 Heusenstamm | 06104-67963
www.hofgut-patershausen.de

Öffnungszeiten
Donnerstag 15 – 19 Uhr, Freitag 9.30 – 13 Uhr
Im Sommer Gartenbewirtung an Sonn- und Feiertagen von 11 – 19 Uhr

Hauseigene Schlachtung im traditionsreichen Demeter Hofgut. Das wunderschön gelegene Hofgut Patershausen geht zurück auf eine Klostergründung der Benediktiner, die voraussichtlich im Jahre 806 stattfand. Im Hofladen werden Fleisch und Wurstwaren, Gemüse, Getreide, Kartoffeln und Obst aus eigener Produktion verkauft.

36 Sandhof – Familie D. Fischer

Westweiler/Außerhalb 3 | 63110 Rodgau
06106/16717

Öffnungszeiten
Mai – Oktober: täglich 8 – 19 Uhr
Oktober – Mai: Montag bis Freitag 9 – 18 Uhr, Samstag 9 – 14 Uhr

Regionale Produkte aus eigener Haltung, Anbau und Herstellung. Frisches Obst, Salate, Gemüse, Hausmacherwurst, Apfelsaft und -wein. Jeden Donnerstag werden frisch geräucherte Forellen und Lachs angeboten. Bentheimer Landschweine in Freilandhaltung. Dosenwurst von den Bentheimern hat der Hof immer vorrätig. Frische Wurst, Fleischkäse und Fleischwurst gibt es immer frisch zu den jeweiligen Schlachtterminen. Bitte telefonisch erfragen!

37 Schönecker Geflügelmarkt

Falltorstraße 21 | 61137 Schöneck
06187-90 82 29 | www.naturhuhn.de

Erzeugermarkt Konstablerwache: Samstag 8 – 17 Uhr

Artgerechte Haltung von Hühnern, Puten, Enten, Gänsen oder Perlhühnern, frei von Futterzusätzen wie Wachstumsförderer, Antibiotika oder andere konventionelle Medikamente. Enten und Gänse haben sogar zusätzlich Zugang zum Schwimmteich. Empfehlenswert: die problemlose Hauslieferung u.a. von Martinsgänsen zur Weihnachtszeit.

38 Michis Schokoatelier

Sandweg 60 | 60316 Frankfurt am Main
069/408 980 66 | www.michis-schokoatelier.de

Öffnungszeiten
Montag bis Freitag 11 – 19 Uhr, Samstag 10 – 16 Uhr

Edelste Trüffel und Pralinen in den verschiedensten und ausgefallensten Variationen – von Champagner-Trüffeln, Basilikumherzen, Nugat-Pralinen, Absinth-Trüffeln bis hin zur Frankfurter Sandwegkugel (Hessens Antwort auf die Mozartkugel). Außerdem gibt es verschiedene Schokoladenfiguren wie Katzen, kleine Pferde oder Bären, sowie edle handgeschöpfte Schokoladentafeln.

39 The Princess Revolution

Grabenstraße 6 | 65183 Wiesbaden (Ladengeschäft)
0611/9878583 | www.the-princess-revolution.com

Öffnungszeiten
Montag bis Freitag 10 – 18.30 Uhr, Samstag 10 – 18 Uhr
Mittwoch und Samstag, Wochenmarkt, Wiesbaden

Wiesbadener Marmeladen- und Senfmanufaktur mit über 200 Sorten handgekochter Konfitüren, Gelees, Senfs und Saucen.

40 Wacker's Kaffee-Geschäft

Kornmarkt 9 | 60311 Frankfurt am Main
069/287810 | www.wackers-kaffee.de

Öffnungszeiten:
Montag bis Freitag 8 – 19 Uhr, Samstag 8 - 18 Uhr

Zur Herstellung von Wacker's Kaffee wird ausschließlich Rohkaffee von bester Qualität und Güte verwendet, überwiegend Hochland-Arabica. Er stammt aus vielen Teilen der Erde wie Zentral- und Südamerika, Südostasien und Ostafrika. Der Röstvorgang selbst dauert etwa 15 Minuten bei einer Temperatur von 220°C – 240°C. Nach dem „Aufknacken" der Bohnen und dem Erreichen der gewünschten Röstfarbe wird der Kaffee sofort im Kühlsieb abgekühlt und anschließend verpackt.

41 Wonnegauer Ölmühle

Herrnsheimer Hauptstr. 1 (Remise Schloß Herrnsheim) | 67550 Worms
06241/5062177 | www.wonnegauer-oelmuehle.de

Öffnungszeiten
Dienstag bis Freitag 14.30 – 18 Uhr, Samstag 10 – 13 Uhr

Viele Sorten von Ölen wie Walnussöl, Traubenkernöl, Mandelöl, Leinöl, die ausschließlich aus mechanischer Pressung gewonnen werden und danach unbehandelt (unraffiniert) bleiben. Dadurch behalten sie ihren ursprünglichen, sortentypischen Geschmack.